ADAPTACIÓN
SERGIO A. SIERRA

ILUSTRACIÓN
MERITXELL RIBAS

FRANKENSTEIN
O EL MODERNO PROMETEO

PARRAMÓN
NOVELA GRÁFICA

FRANKENSTEIN
Proyecto y realización de Parramón Ediciones, S.A.

Editor: Pilar R. Súnico
Guión adaptado: Sergio A. Sierra
Ilustración: Meritxell Ribas Puigmal
Realización técnica y diseño: Rebeca Podio Jiménez
Diseño de colección: Miquel Serratosa

Primera edición: septiembre 2009
© 2009 Parramón Ediciones, S.A.
Calle Rosselló i Porcel 21, 9.ª planta
08016 Barcelona (España)
Empresa del grupo Editorial Norma de América Latina

www.parramon.com

Dirección de producción: Rafael Marfil
Producción: Manel Sánchez
Preimpresión: PACMER, S.A.

ISBN: 978-84-342-3544-1

Depósito Legal: B-33014-2009

Impreso en España

FRANKENSTEIN
O EL MODERNO PROMETEO

«*¿Acaso te pedí, oh Creador, que del barro me hicieses hombre?*
¿Te rogué para que me alzaras de la oscuridad?»

– J. MILTON, *El Paraíso perdido*.

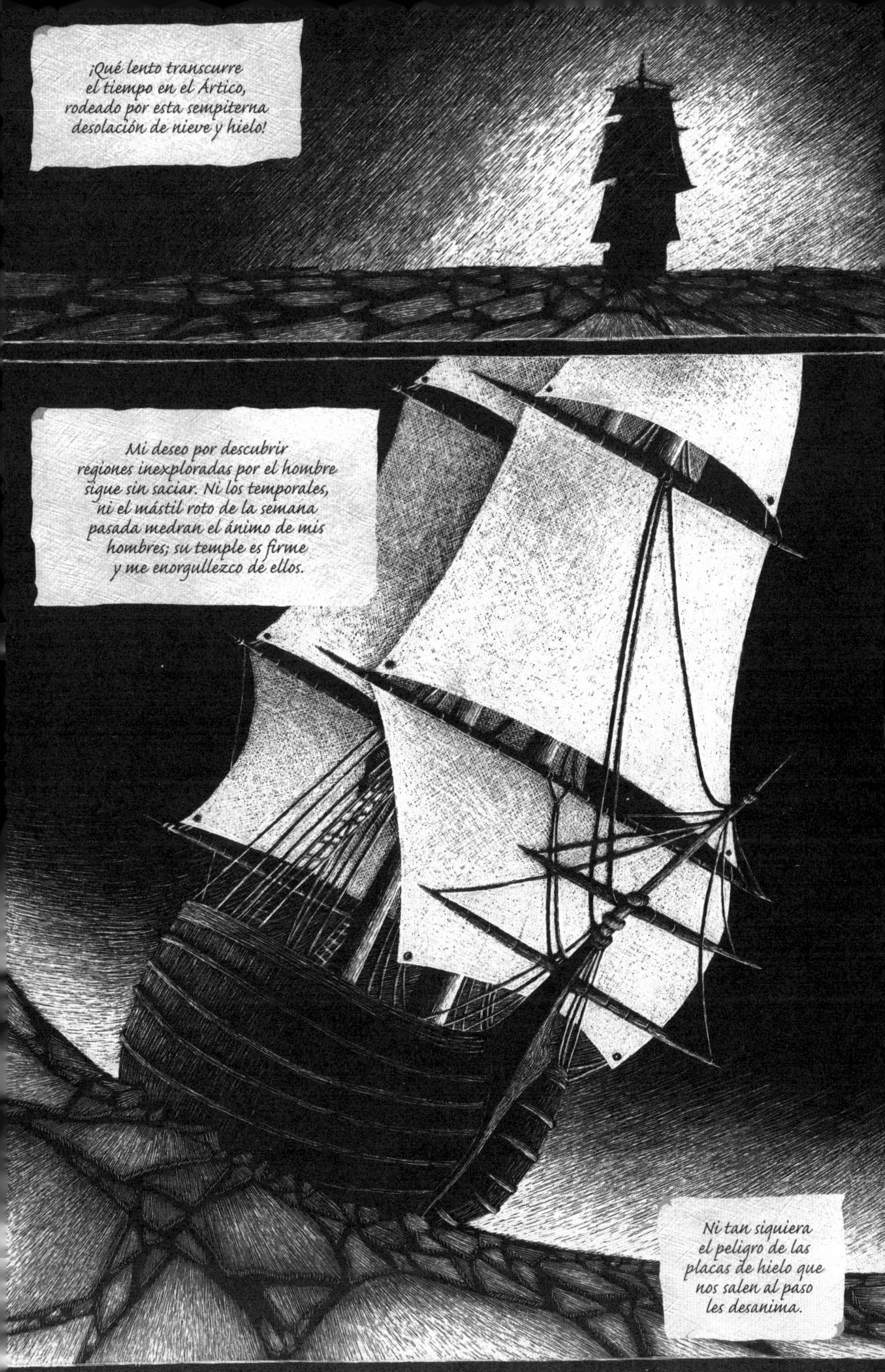
¡Qué lento transcurre el tiempo en el Ártico, rodeado por esta sempiterna desolación de nieve y hielo!
Mi deseo por descubrir regiones inexploradas por el hombre sigue sin saciar. Ni los temporales, ni el mástil roto de la semana pasada medran el ánimo de mis hombres; su temple es firme y me enorgullezco de ellos.
Ni tan siquiera el peligro de las placas de hielo que nos salen al paso les desanima.

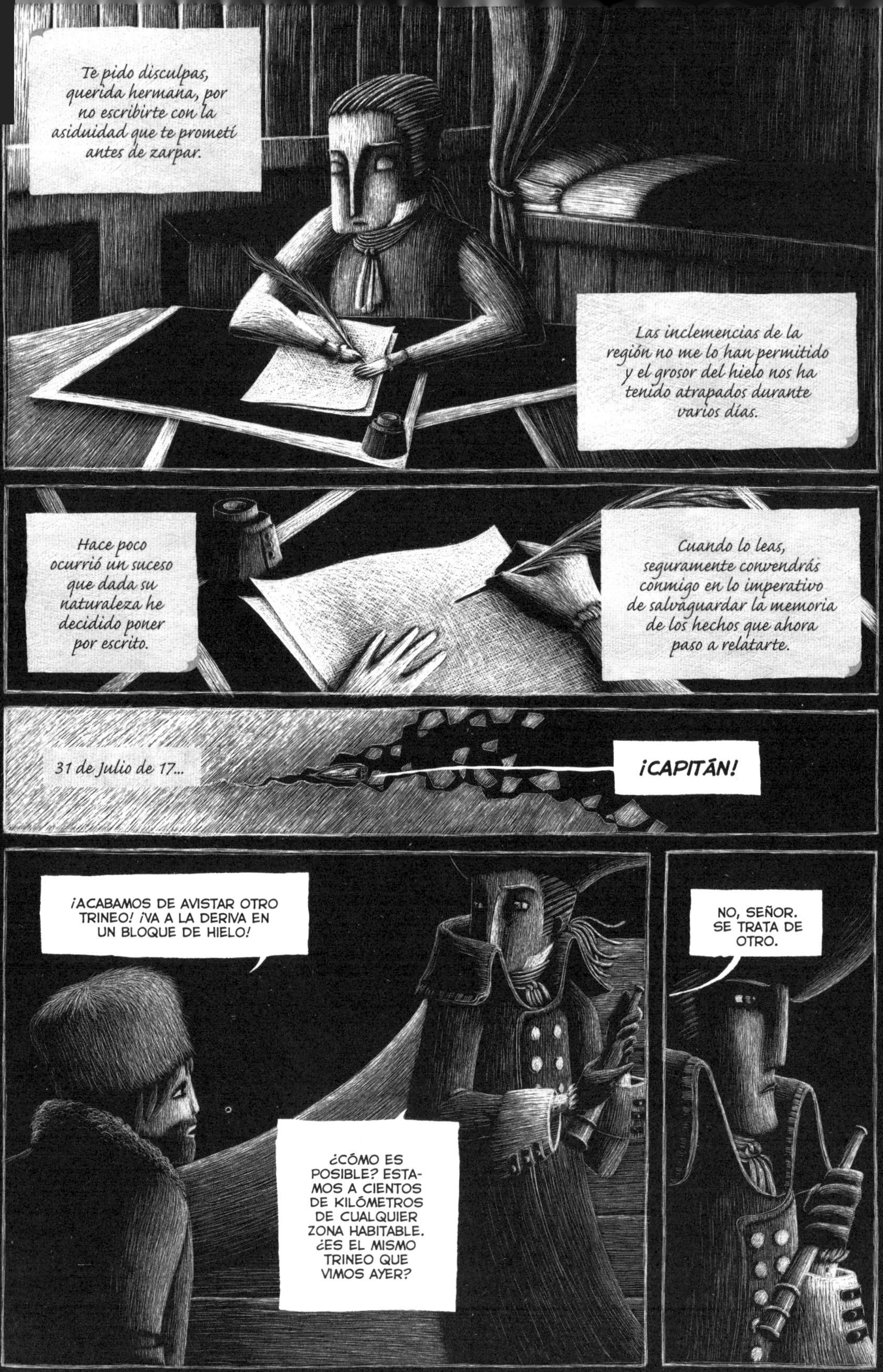

Te pido disculpas, querida hermana, por no escribirte con la asiduidad que te prometí antes de zarpar.
Las inclemencias de la región no me lo han permitido y el grosor del hielo nos ha tenido atrapados durante varios días.
Hace poco ocurrió un suceso que dada su naturaleza he decidido poner por escrito.
Cuando lo leas, seguramente convendrás conmigo en lo imperativo de salvaguardar la memoria de los hechos que ahora paso a relatarte.
31 de Julio de 17...
¡CAPITÁN!
¡ACABAMOS DE AVISTAR OTRO TRINEO! ¡VA A LA DERIVA EN UN BLOQUE DE HIELO!
¿CÓMO ES POSIBLE? ESTAMOS A CIENTOS DE KILÓMETROS DE CUALQUIER ZONA HABITABLE. ¿ES EL MISMO TRINEO QUE VIMOS AYER?
NO, SEÑOR. SE TRATA DE OTRO.

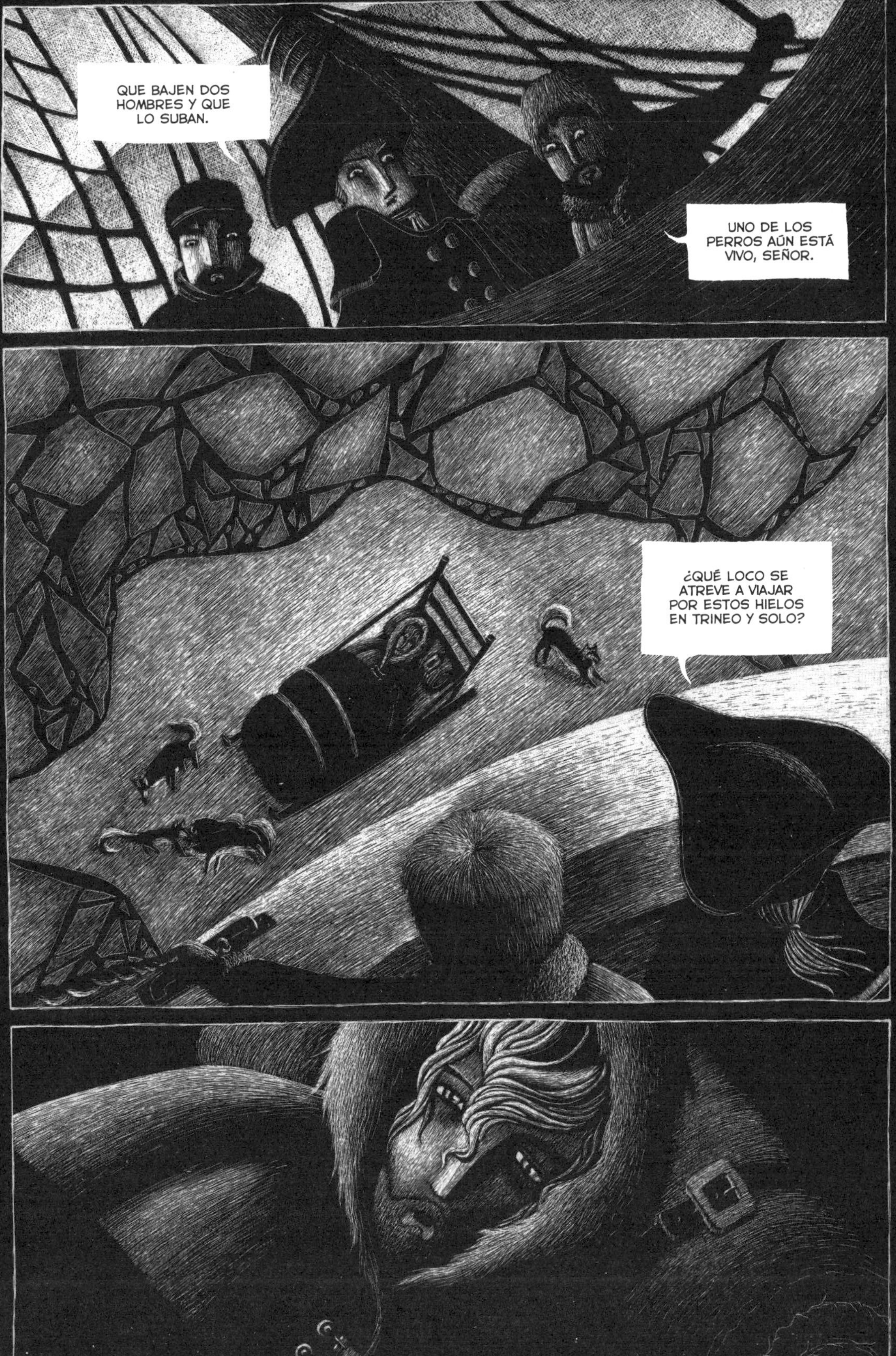
QUE BAJEN DOS HOMBRES Y QUE LO SUBAN.
UNO DE LOS PERROS AÚN ESTÁ VIVO, SEÑOR.
¿QUÉ LOCO SE ATREVE A VIAJAR POR ESTOS HIELOS EN TRINEO Y SOLO?

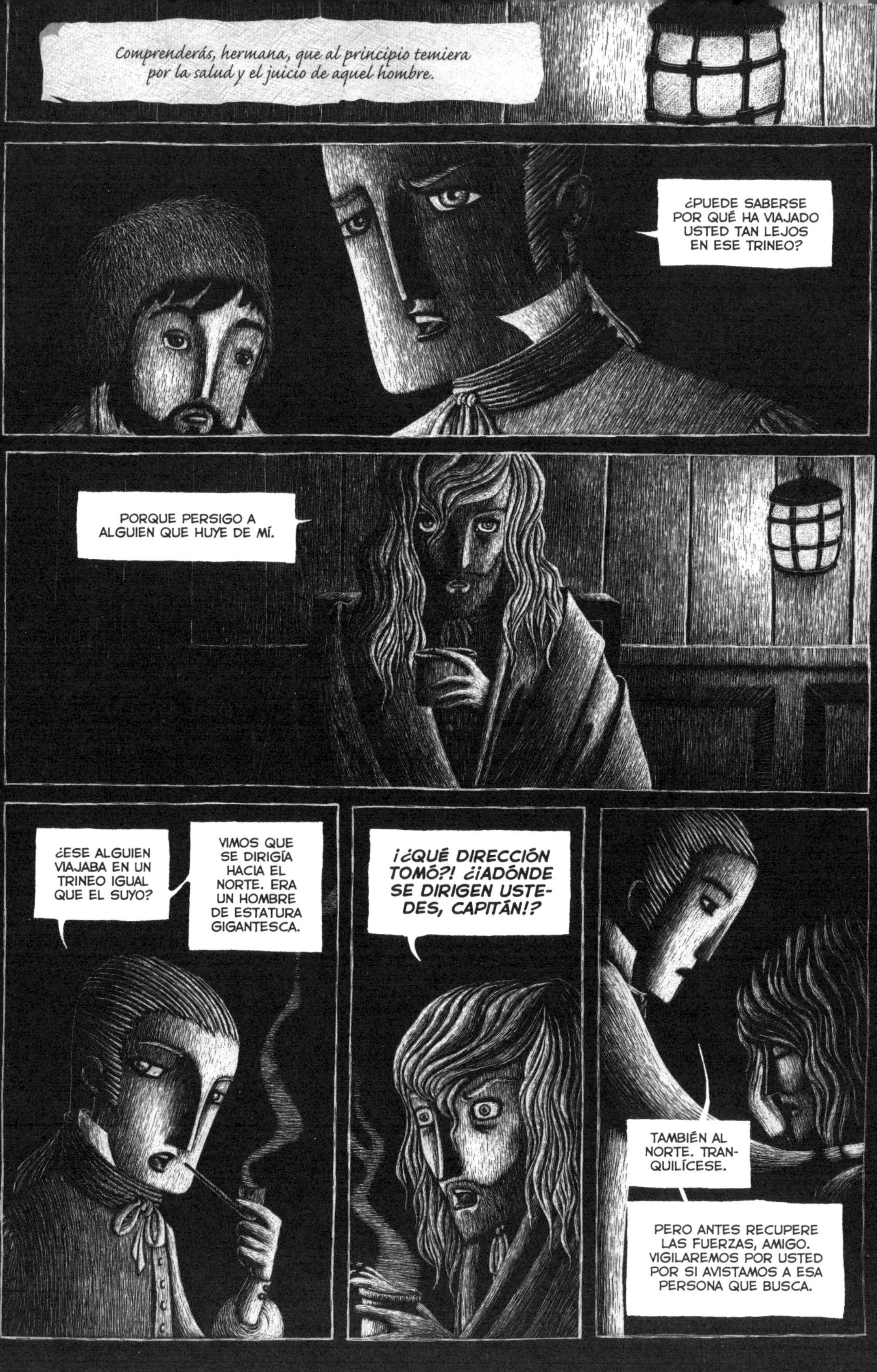
Comprenderás, hermana, que al principio temiera por la salud y el juicio de aquel hombre.
¿PUEDE SABERSE POR QUÉ HA VIAJADO USTED TAN LEJOS EN ESE TRINEO?
PORQUE PERSIGO A ALGUIEN QUE HUYE DE MÍ.
¿ESE ALGUIEN VIAJABA EN UN TRINEO IGUAL QUE EL SUYO?
VIMOS QUE SE DIRIGÍA HACIA EL NORTE. ERA UN HOMBRE DE ESTATURA GIGANTESCA.
¡¿QUÉ DIRECCIÓN TOMÓ?! ¡¿ADÓNDE SE DIRIGEN USTEDES, CAPITÁN!?
TAMBIÉN AL NORTE. TRANQUILÍCESE.
PERO ANTES RECUPERE LAS FUERZAS, AMIGO. VIGILAREMOS POR USTED POR SI AVISTAMOS A ESA PERSONA QUE BUSCA.

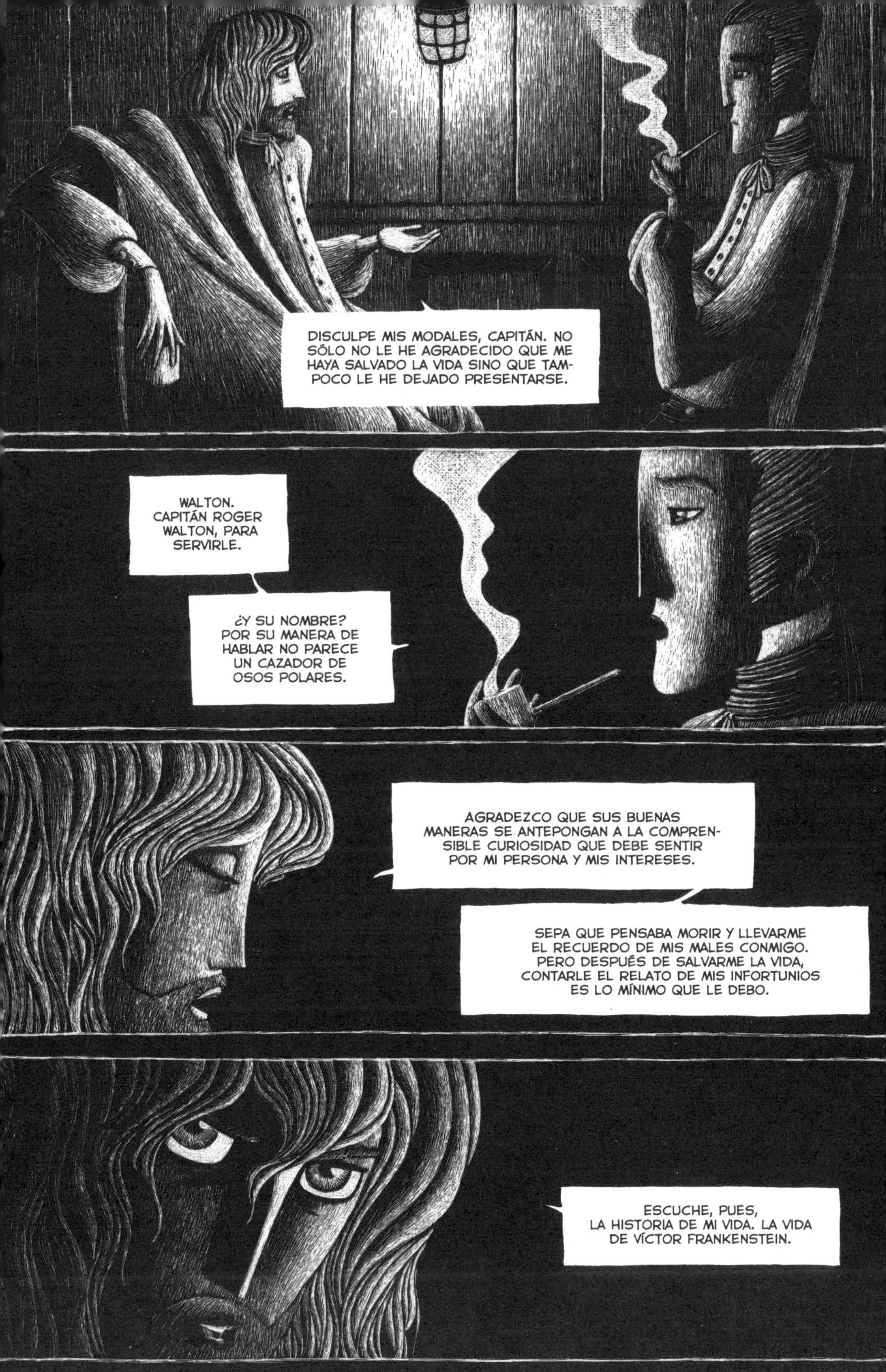
DISCULPE MIS MODALES, CAPITÁN. NO SÓLO NO LE HE AGRADECIDO QUE ME HAYA SALVADO LA VIDA SINO QUE TAMPOCO LE HE DEJADO PRESENTARSE.
¿Y SU NOMBRE? POR SU MANERA DE HABLAR NO PARECE UN CAZADOR DE OSOS POLARES.
WALTON. CAPITÁN ROGER WALTON, PARA SERVIRLE.
AGRADEZCO QUE SUS BUENAS MANERAS SE ANTEPONGAN A LA COMPRENSIBLE CURIOSIDAD QUE DEBE SENTIR POR MI PERSONA Y MIS INTERESES.
SEPA QUE PENSABA MORIR Y LLEVARME EL RECUERDO DE MIS MALES CONMIGO. PERO DESPUÉS DE SALVARME LA VIDA, CONTARLE EL RELATO DE MIS INFORTUNIOS ES LO MÍNIMO QUE LE DEBO.
ESCUCHE, PUES, LA HISTORIA DE MI VIDA. LA VIDA DE VÍCTOR FRANKENSTEIN.

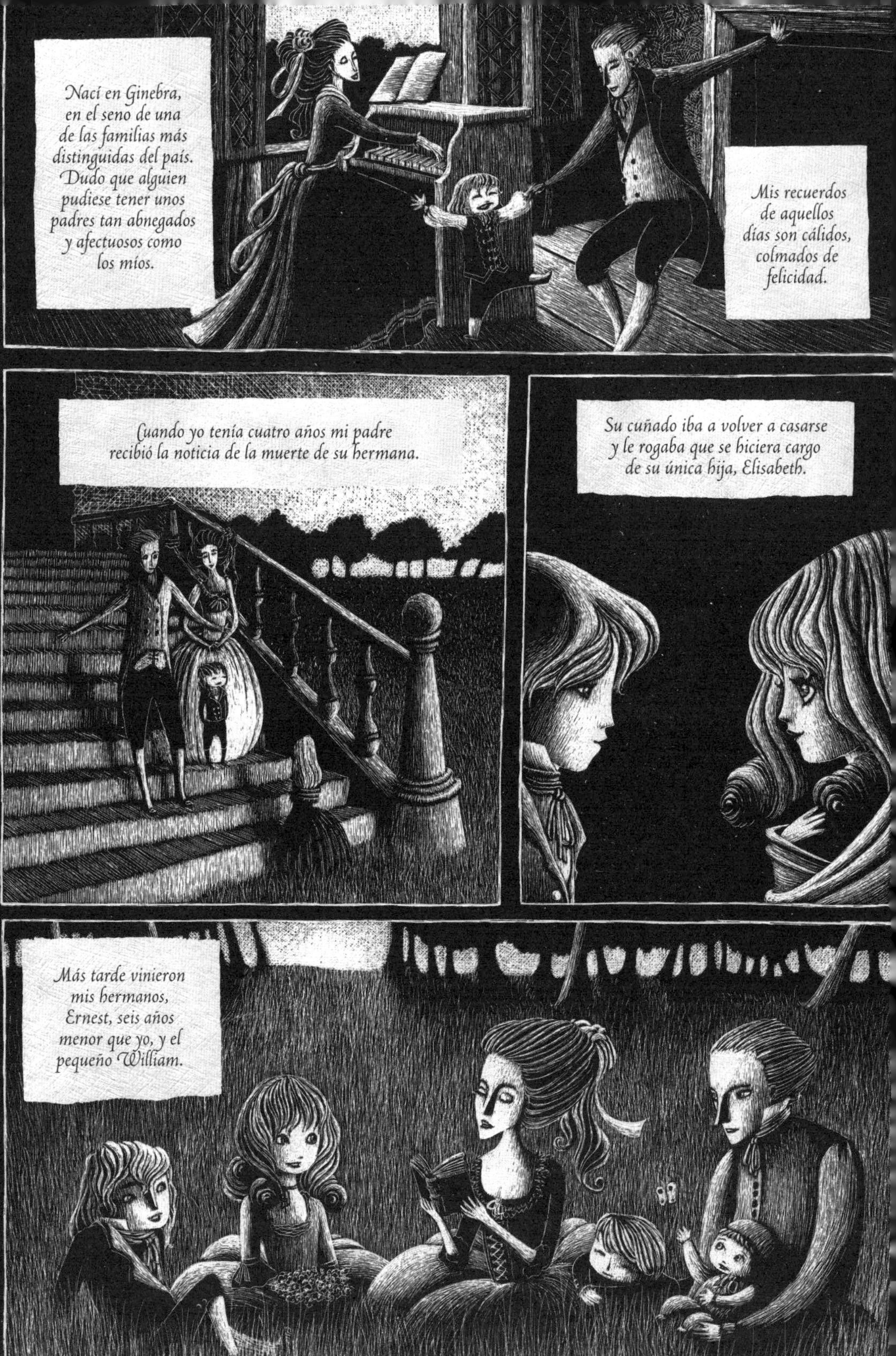
Nací en Ginebra, en el seno de una de las familias más distinguidas del país. Dudo que alguien pudiese tener unos padres tan abnegados y afectuosos como los míos.
Mis recuerdos de aquellos días son cálidos, colmados de felicidad.
Cuando yo tenía cuatro años mi padre recibió la noticia de la muerte de su hermana.
Su cuñado iba a volver a casarse y le rogaba que se hiciera cargo de su única hija, Elisabeth.
Más tarde vinieron mis hermanos, Ernest, seis años menor que yo, y el pequeño William.

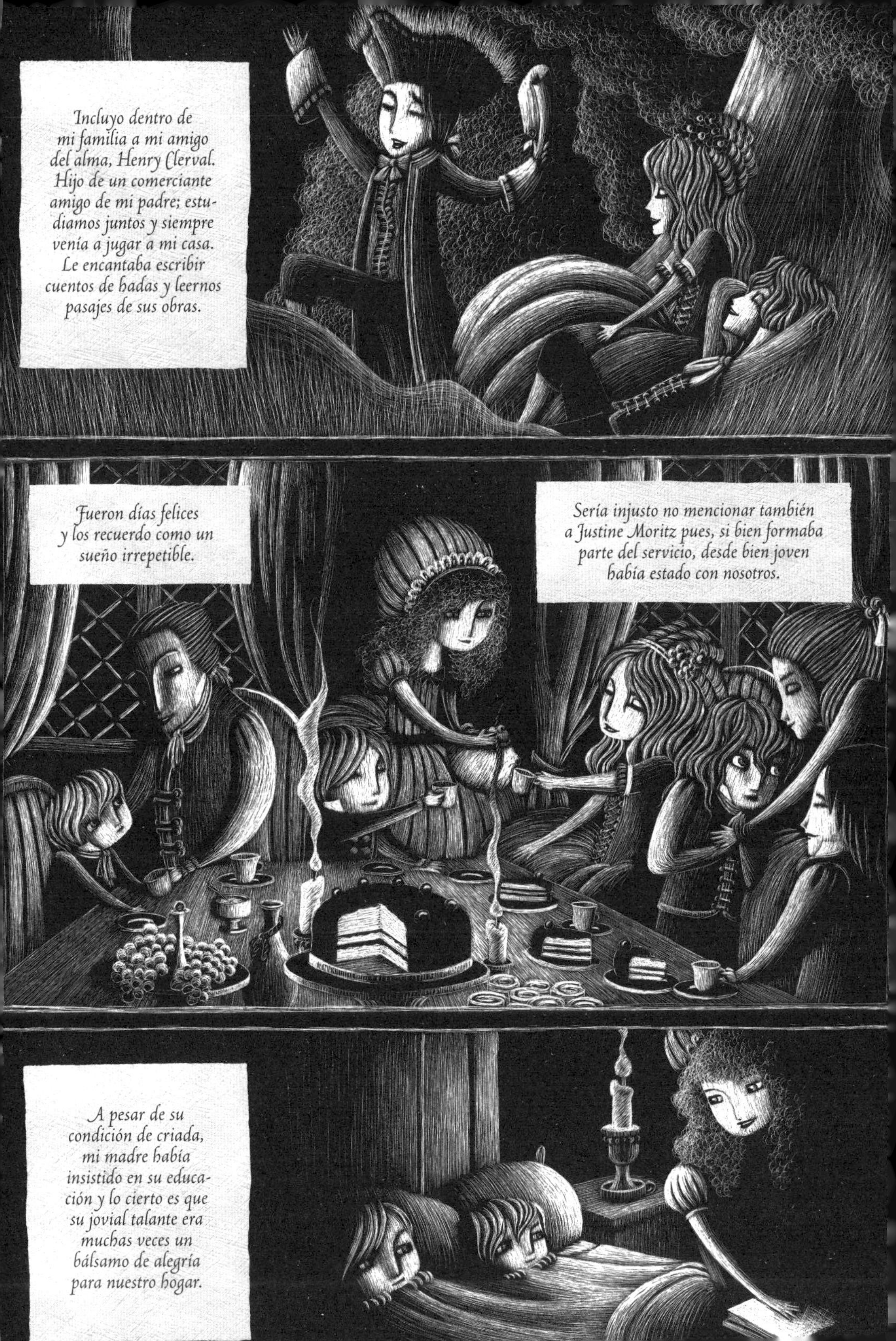
Incluyo dentro de mi familia a mi amigo del alma, Henry Clerval. Hijo de un comerciante amigo de mi padre; estudiamos juntos y siempre venía a jugar a mi casa. Le encantaba escribir cuentos de hadas y leernos pasajes de sus obras.
Fueron días felices y los recuerdo como un sueño irrepetible.
Sería injusto no mencionar también a Justine Moritz pues, si bien formaba parte del servicio, desde bien joven había estado con nosotros.
A pesar de su condición de criada, mi madre había insistido en su educación y lo cierto es que su jovial talante era muchas veces un bálsamo de alegría para nuestro hogar.

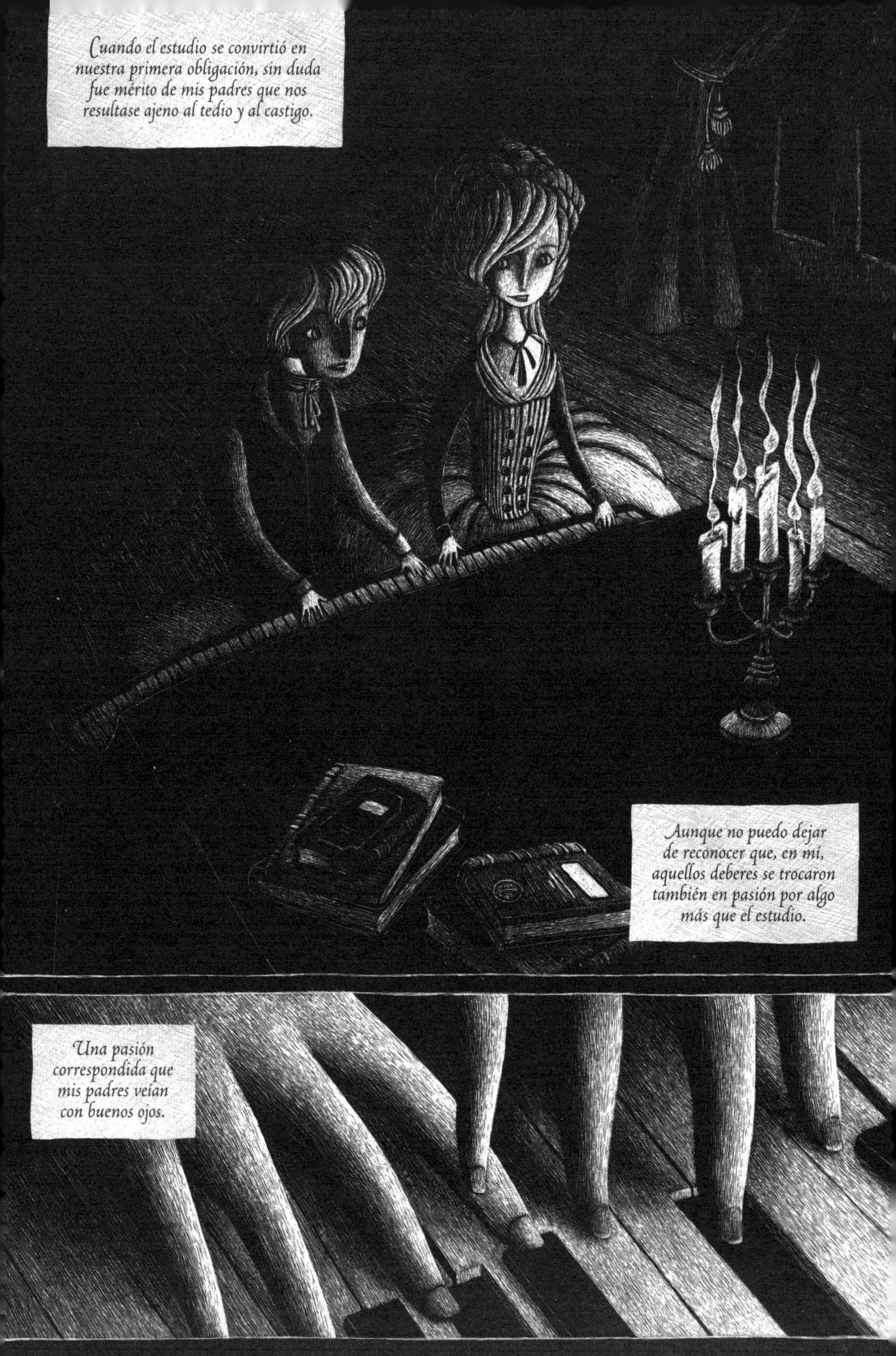
Cuando el estudio se convirtió en nuestra primera obligación, sin duda fue mérito de mis padres que nos resultase ajeno al tedio y al castigo.
Aunque no puedo dejar de reconocer que, en mí, aquellos deberes se trocaron también en pasión por algo más que el estudio.
Una pasión correspondida que mis padres veían con buenos ojos.

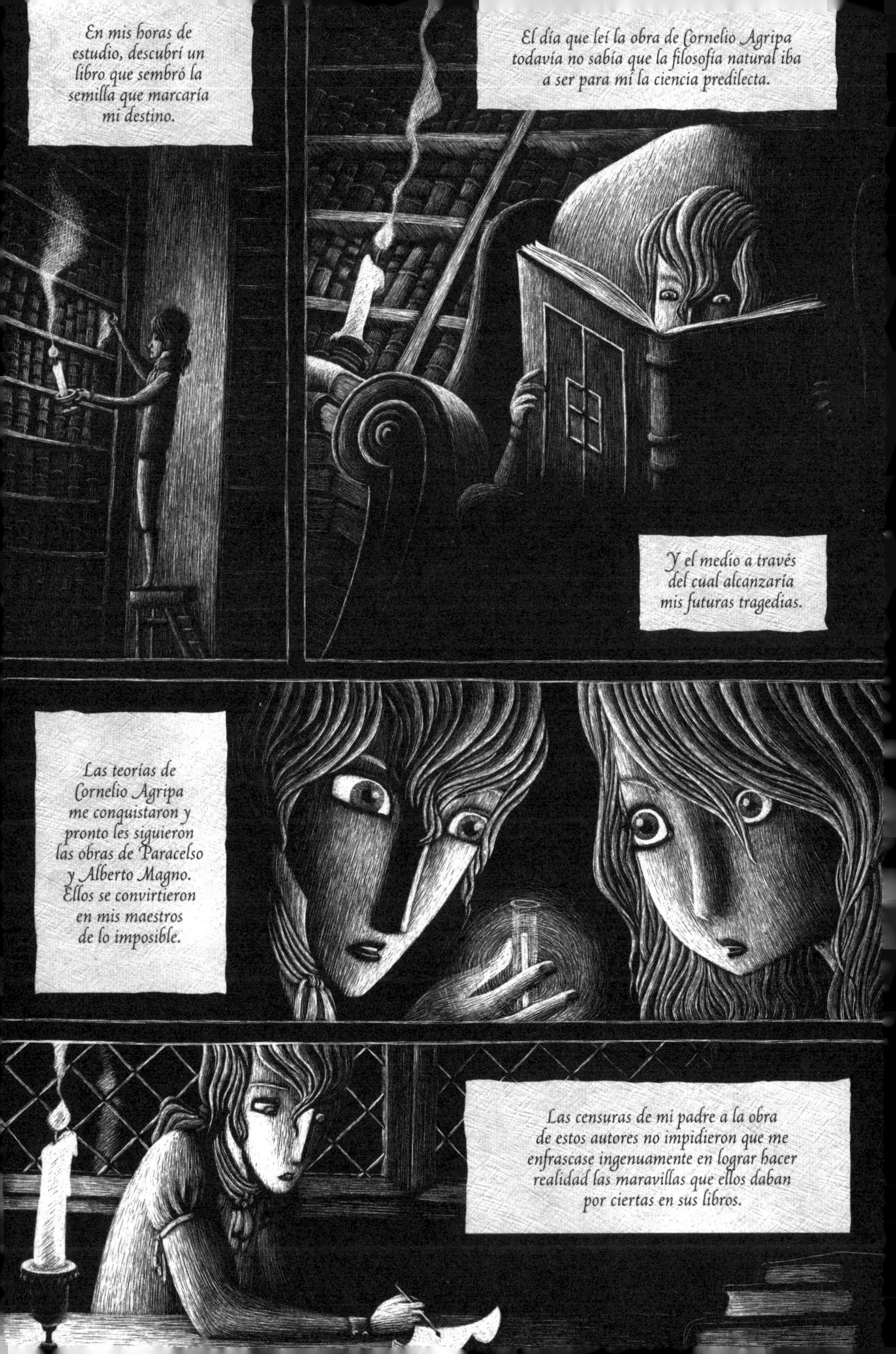
En mis horas de estudio, descubrí un libro que sembró la semilla que marcaría mi destino.
El día que leí la obra de Cornelio Agripa todavía no sabía que la filosofía natural iba a ser para mí la ciencia predilecta.
Y el medio a través del cual alcanzaría mis futuras tragedias.
Las teorías de Cornelio Agripa me conquistaron y pronto les siguieron las obras de Paracelso y Alberto Magno. Ellos se convirtieron en mis maestros de lo imposible.
Las censuras de mi padre a la obra de estos autores no impidieron que me enfrascase ingenuamente en lograr hacer realidad las maravillas que ellos daban por ciertas en sus libros.

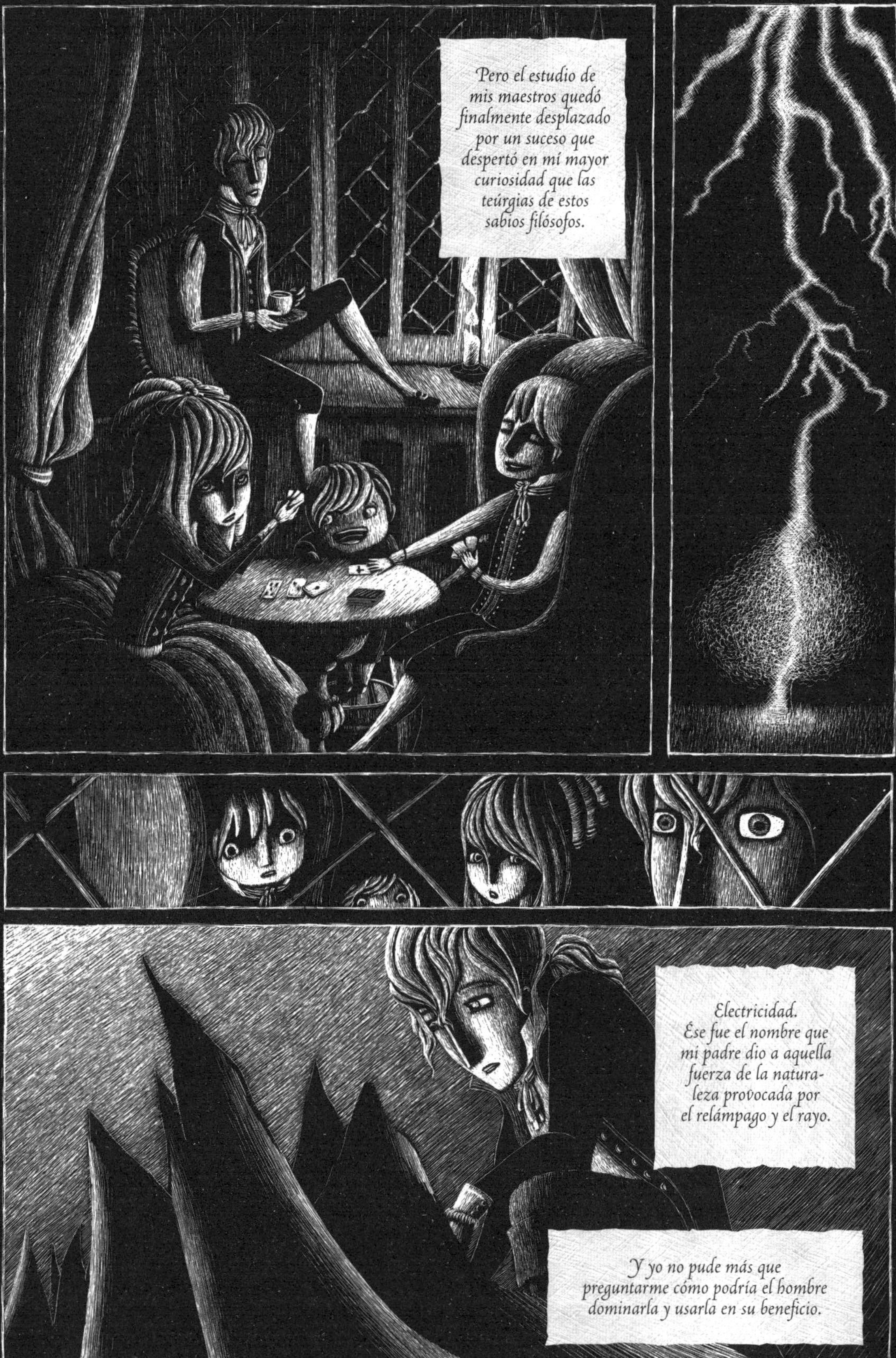
Pero el estudio de mis maestros quedó finalmente desplazado por un suceso que despertó en mí mayor curiosidad que las teúrgias de estos sabios filósofos.
Electricidad. Ése fue el nombre que mi padre dio a aquella fuerza de la naturaleza provocada por el relámpago y el rayo.
Y yo no pude más que preguntarme cómo podría el hombre dominarla y usarla en su beneficio.

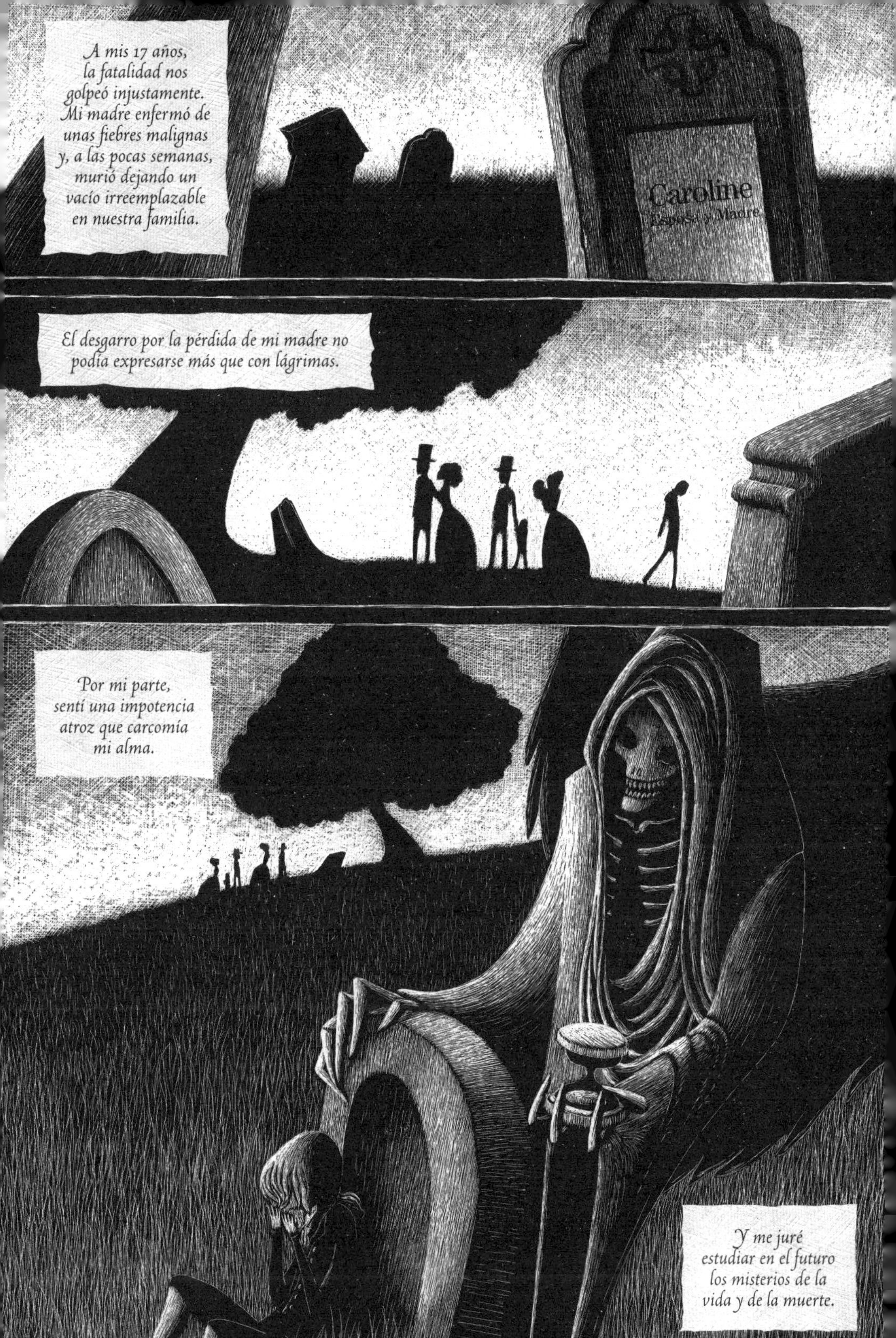
A mis 17 años, la fatalidad nos golpeó injustamente. Mi madre enfermó de unas fiebres malignas y, a las pocas semanas, murió dejando un vacío irreemplazable en nuestra familia.
Caroline
Esposa y Madre
El desgarro por la pérdida de mi madre no podía expresarse más que con lágrimas.
Por mi parte, sentí una impotencia atroz que carcomía mi alma.
Y me juré estudiar en el futuro los misterios de la vida y de la muerte.

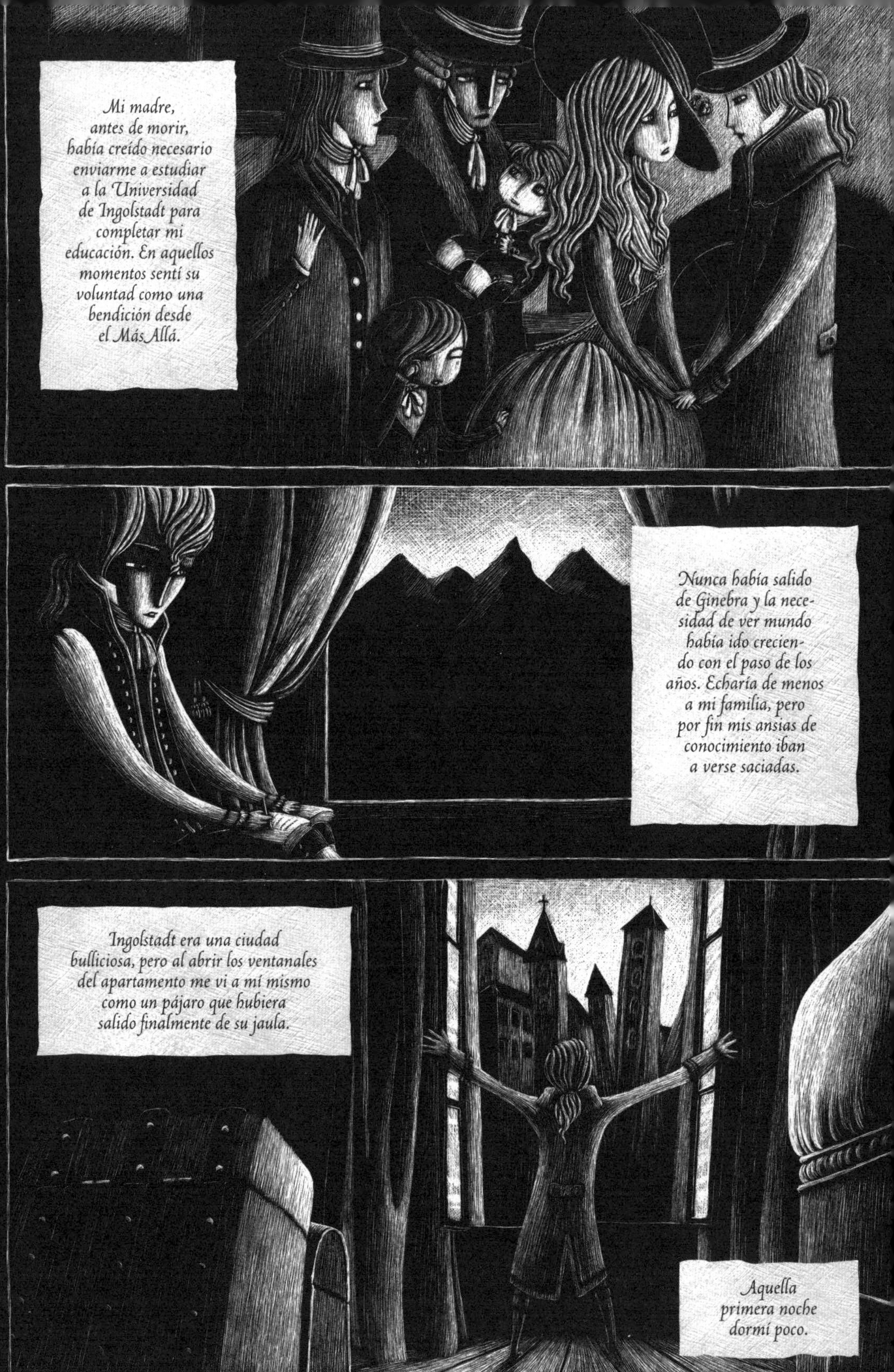
Mi madre, antes de morir, había creído necesario enviarme a estudiar a la Universidad de Ingolstadt para completar mi educación. En aquellos momentos sentí su voluntad como una bendición desde el Más Allá.
Nunca había salido de Ginebra y la necesidad de ver mundo había ido creciendo con el paso de los años. Echaría de menos a mi familia, pero por fin mis ansias de conocimiento iban a verse saciadas.
Ingolstadt era una ciudad bulliciosa, pero al abrir los ventanales del apartamento me vi a mí mismo como un pájaro que hubiera salido finalmente de su jaula.
Aquella primera noche dormí poco.

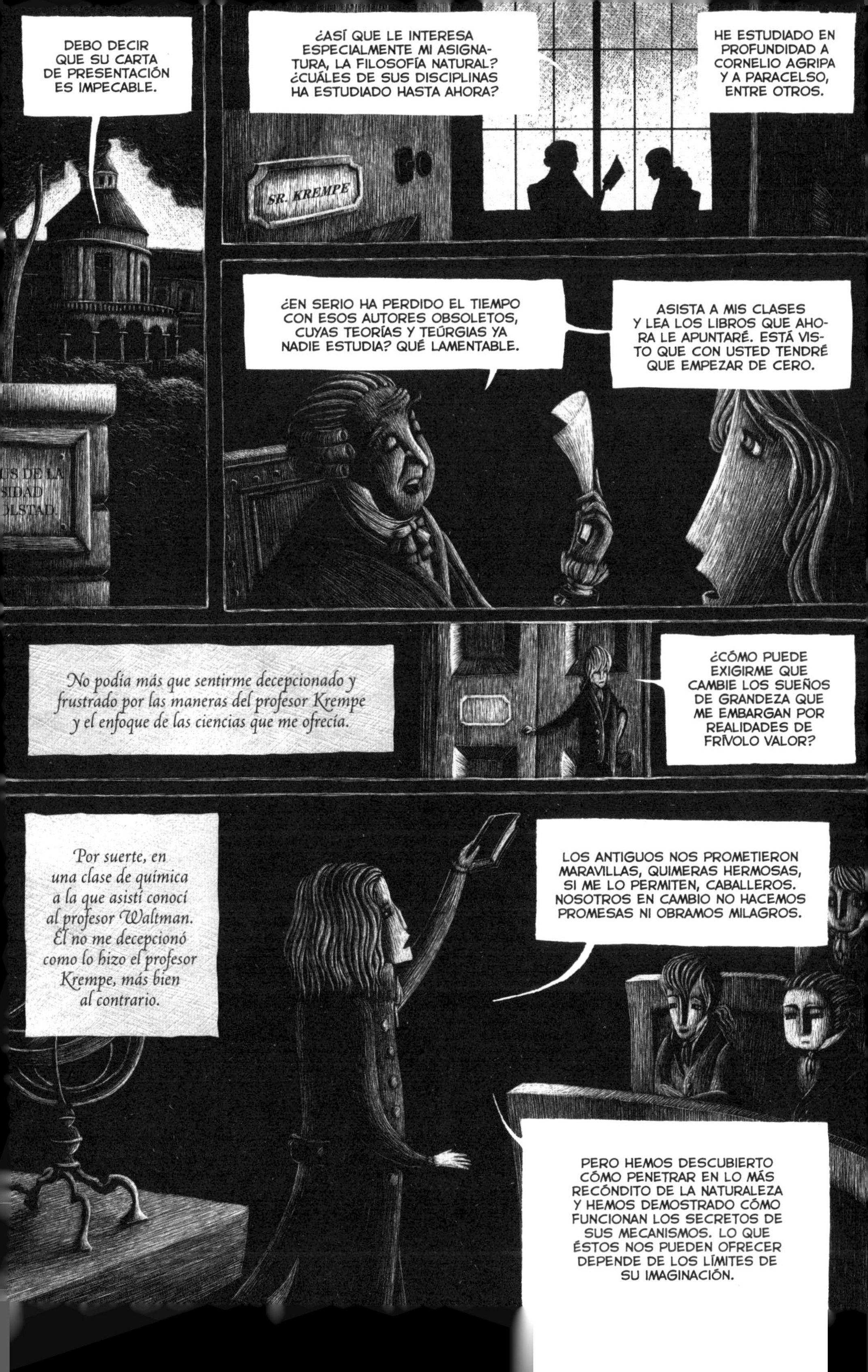
DEBO DECIR QUE SU CARTA DE PRESENTACIÓN ES IMPECABLE.
¿ASÍ QUE LE INTERESA ESPECIALMENTE MI ASIGNATURA, LA FILOSOFÍA NATURAL? ¿CUÁLES DE SUS DISCIPLINAS HA ESTUDIADO HASTA AHORA?
SR. KREMPE
HE ESTUDIADO EN PROFUNDIDAD A CORNELIO AGRIPA Y A PARACELSO, ENTRE OTROS.
¿EN SERIO HA PERDIDO EL TIEMPO CON ESOS AUTORES OBSOLETOS, CUYAS TEORÍAS Y TEÚRGIAS YA NADIE ESTUDIA? QUÉ LAMENTABLE.
ASISTA A MIS CLASES Y LEA LOS LIBROS QUE AHORA LE APUNTARÉ. ESTÁ VISTO QUE CON USTED TENDRÉ QUE EMPEZAR DE CERO.
No podía más que sentirme decepcionado y frustrado por las maneras del profesor Krempe y el enfoque de las ciencias que me ofrecía.
¿CÓMO PUEDE EXIGIRME QUE CAMBIE LOS SUEÑOS DE GRANDEZA QUE ME EMBARGAN POR REALIDADES DE FRÍVOLO VALOR?
Por suerte, en una clase de química a la que asistí conocí al profesor Waltman. Él no me decepcionó como lo hizo el profesor Krempe, más bien al contrario.
LOS ANTIGUOS NOS PROMETIERON MARAVILLAS, QUIMERAS HERMOSAS, SI ME LO PERMITEN, CABALLEROS. NOSOTROS EN CAMBIO NO HACEMOS PROMESAS NI OBRAMOS MILAGROS.
PERO HEMOS DESCUBIERTO CÓMO PENETRAR EN LO MÁS RECÓNDITO DE LA NATURALEZA Y HEMOS DEMOSTRADO CÓMO FUNCIONAN LOS SECRETOS DE SUS MECANISMOS. LO QUE ÉSTOS NOS PUEDEN OFRECER DEPENDE DE LOS LÍMITES DE SU IMAGINACIÓN.

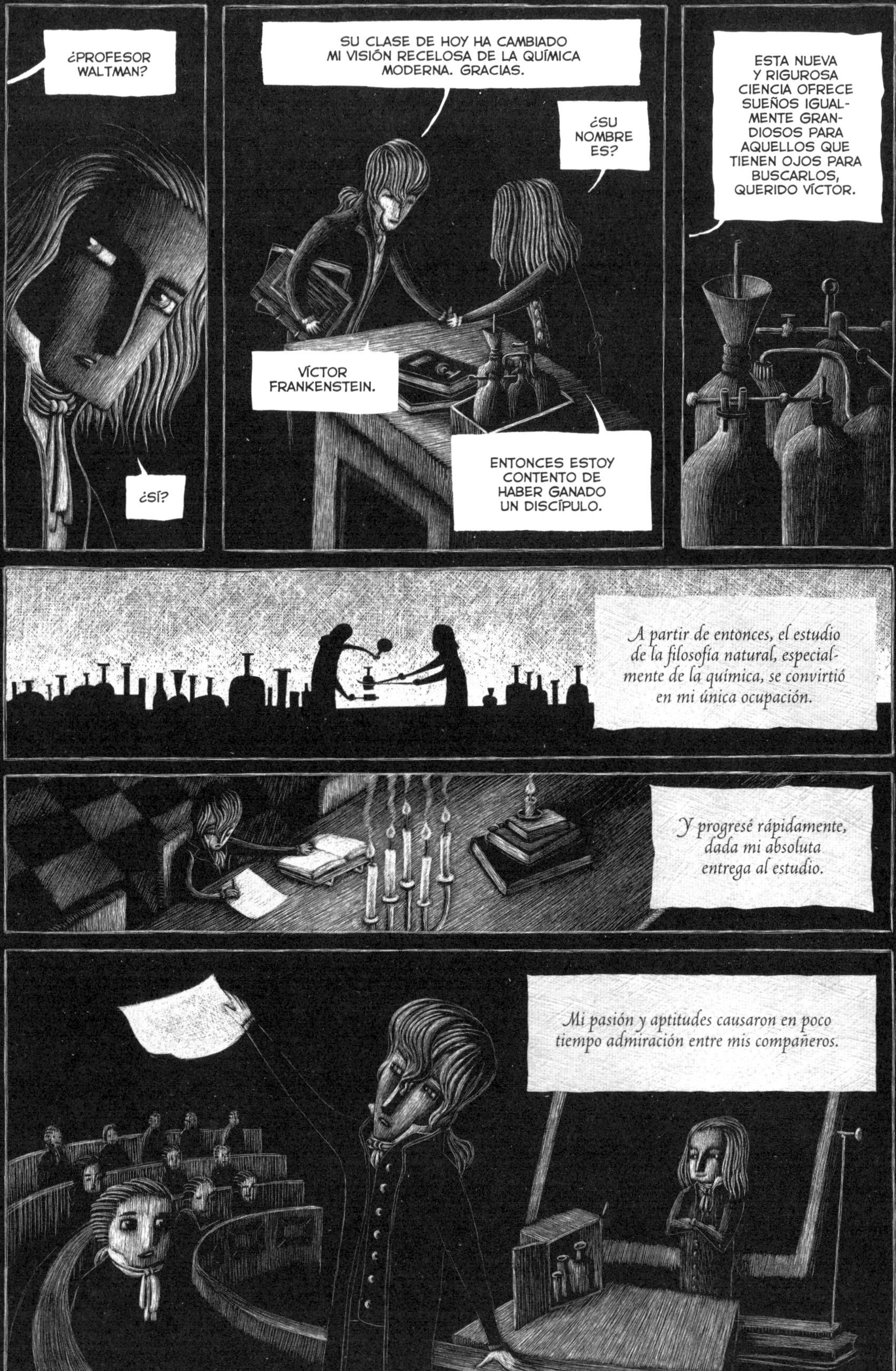
¿PROFESOR WALTMAN?
¿SÍ?
SU CLASE DE HOY HA CAMBIADO MI VISIÓN RECELOSA DE LA QUÍMICA MODERNA. GRACIAS.
¿SU NOMBRE ES?
VÍCTOR FRANKENSTEIN.
ENTONCES ESTOY CONTENTO DE HABER GANADO UN DISCÍPULO.
ESTA NUEVA Y RIGUROSA CIENCIA OFRECE SUEÑOS IGUAL-MENTE GRAN-DIOSOS PARA AQUELLOS QUE TIENEN OJOS PARA BUSCARLOS, QUERIDO VÍCTOR.
A partir de entonces, el estudio de la filosofía natural, especial-mente de la química, se convirtió en mi única ocupación.
Y progresé rápidamente, dada mi absoluta entrega al estudio.
Mi pasión y aptitudes causaron en poco tiempo admiración entre mis compañeros.

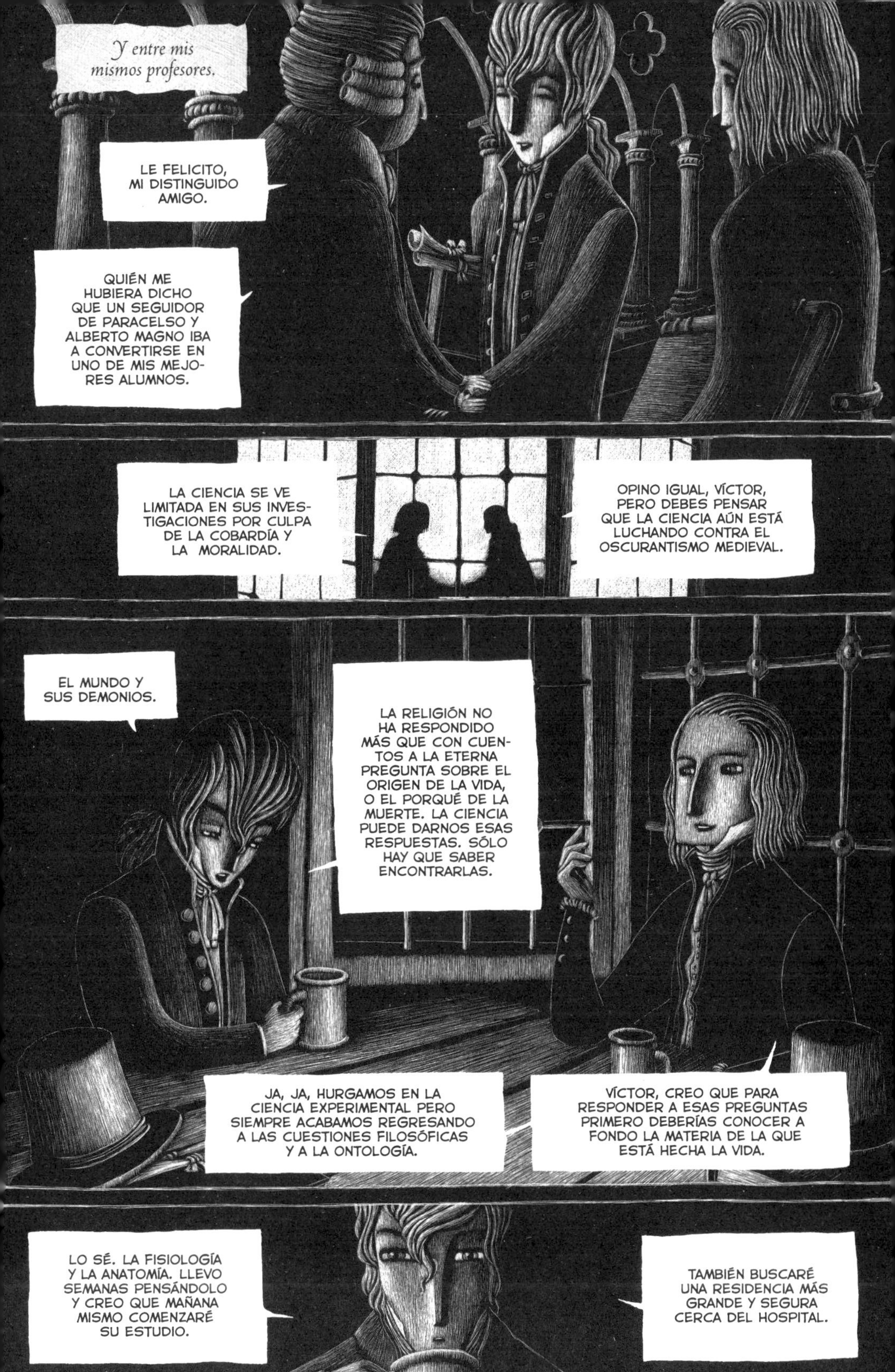
Y entre mis mismos profesores.
LE FELICITO, MI DISTINGUIDO AMIGO.
QUIÉN ME HUBIERA DICHO QUE UN SEGUIDOR DE PARACELSO Y ALBERTO MAGNO IBA A CONVERTIRSE EN UNO DE MIS MEJO-RES ALUMNOS.
LA CIENCIA SE VE LIMITADA EN SUS INVES-TIGACIONES POR CULPA DE LA COBARDÍA Y LA MORALIDAD.
OPINO IGUAL, VÍCTOR, PERO DEBES PENSAR QUE LA CIENCIA AÚN ESTÁ LUCHANDO CONTRA EL OSCURANTISMO MEDIEVAL.
EL MUNDO Y SUS DEMONIOS.
LA RELIGIÓN NO HA RESPONDIDO MÁS QUE CON CUEN-TOS A LA ETERNA PREGUNTA SOBRE EL ORIGEN DE LA VIDA, O EL PORQUÉ DE LA MUERTE. LA CIENCIA PUEDE DARNOS ESAS RESPUESTAS. SÓLO HAY QUE SABER ENCONTRARLAS.
JA, JA, HURGAMOS EN LA CIENCIA EXPERIMENTAL PERO SIEMPRE ACABAMOS REGRESANDO A LAS CUESTIONES FILOSÓFICAS Y A LA ONTOLOGÍA.
VÍCTOR, CREO QUE PARA RESPONDER A ESAS PREGUNTAS PRIMERO DEBERÍAS CONOCER A FONDO LA MATERIA DE LA QUE ESTÁ HECHA LA VIDA.
LO SÉ. LA FISIOLOGÍA Y LA ANATOMÍA. LLEVO SEMANAS PENSÁNDOLO Y CREO QUE MAÑANA MISMO COMENZARÉ SU ESTUDIO.
TAMBIÉN BUSCARÉ UNA RESIDENCIA MÁS GRANDE Y SEGURA CERCA DEL HOSPITAL.

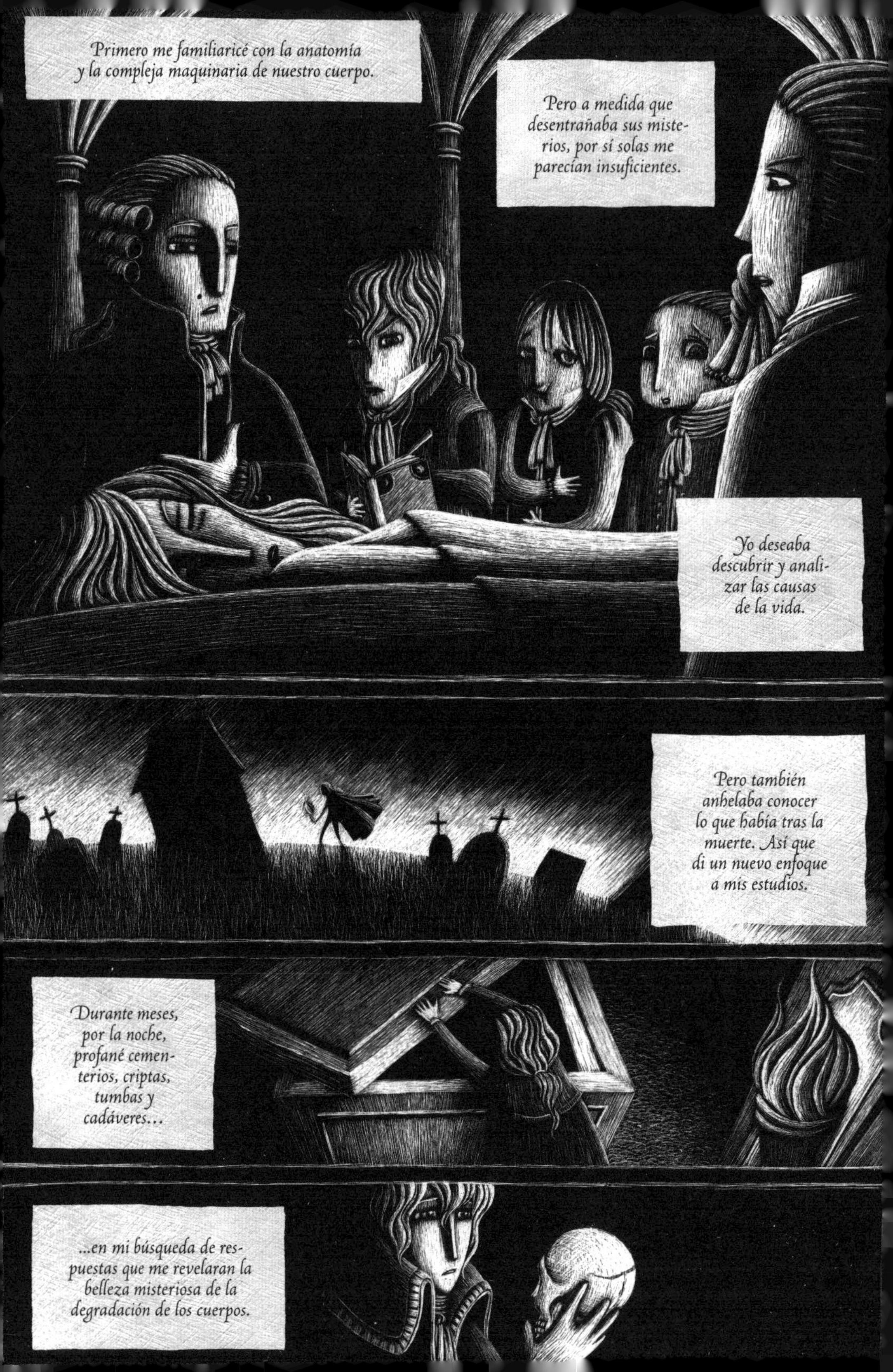
Primero me familiaricé con la anatomía y la compleja maquinaria de nuestro cuerpo.
Pero a medida que desentrañaba sus misterios, por sí solas me parecían insuficientes.
Yo deseaba descubrir y analizar las causas de la vida.
Pero también anhelaba conocer lo que había tras la muerte. Así que di un nuevo enfoque a mis estudios.
Durante meses, por la noche, profané cementerios, criptas, tumbas y cadáveres…
…en mi búsqueda de respuestas que me revelaran la belleza misteriosa de la degradación de los cuerpos.

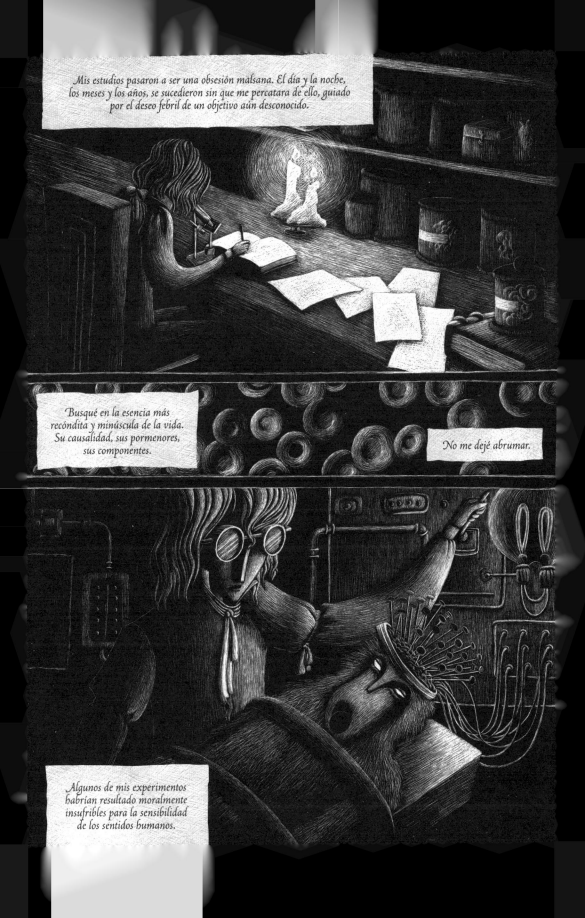

Mis estudios pasaron a ser una obsesión malsana. El día y la noche, los meses y los años, se sucedieron sin que me percatara de ello, guiado por el deseo febril de un objetivo aún desconocido.

Busqué en la esencia más recóndita y minúscula de la vida. Su causalidad, sus pormenores, sus componentes.

No me dejé abrumar.

Algunos de mis experimentos habrían resultado moralmente insufribles para la sensibilidad de los sentidos humanos.

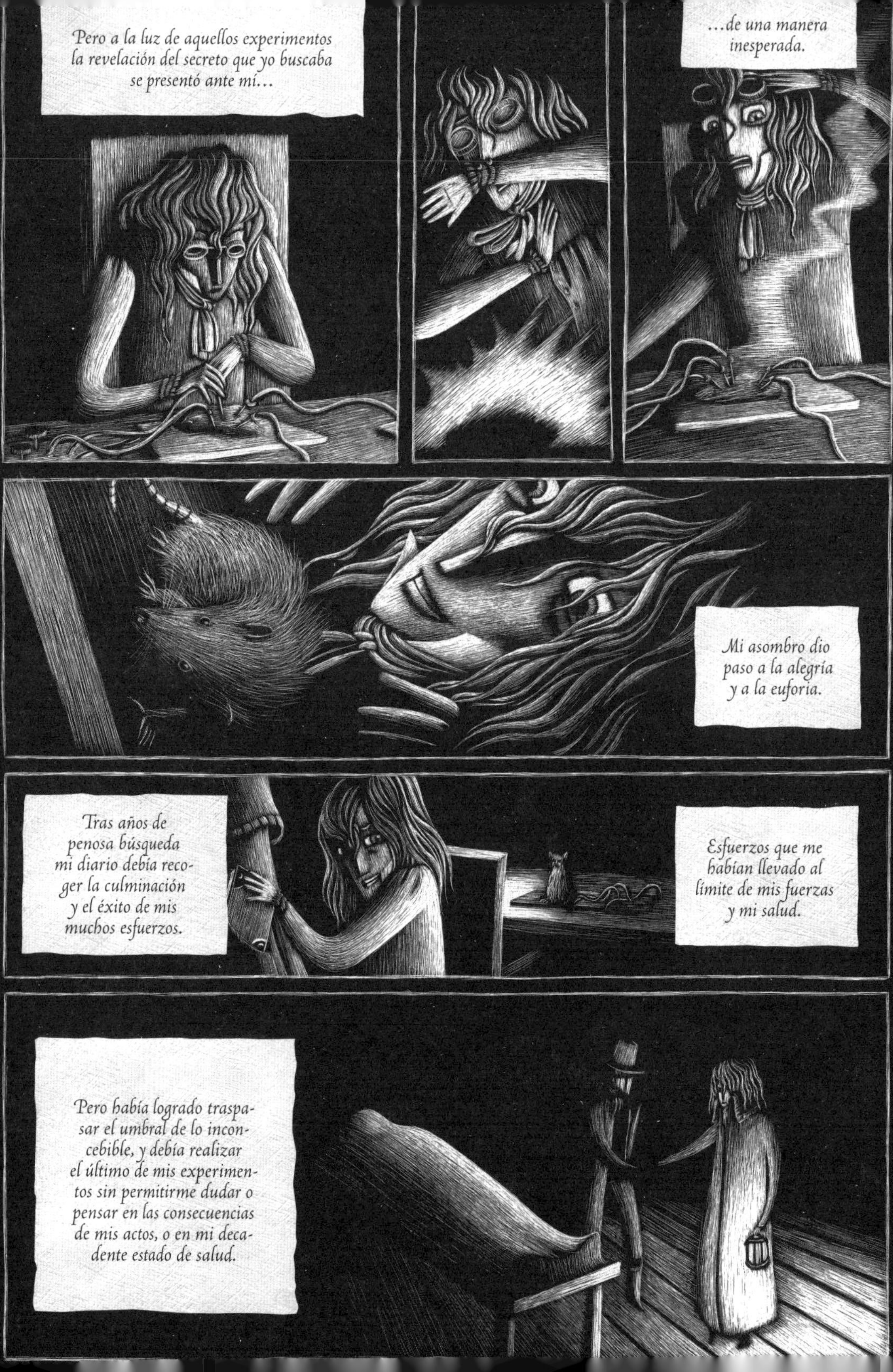
Pero a la luz de aquellos experimentos la revelación del secreto que yo buscaba se presentó ante mí…
…de una manera inesperada.
Mi asombro dio paso a la alegría y a la euforia.
Tras años de penosa búsqueda mi diario debía recoger la culminación y el éxito de mis muchos esfuerzos.
Esfuerzos que me habían llevado al límite de mis fuerzas y mi salud.
Pero había logrado traspasar el umbral de lo inconcebible, y debía realizar el último de mis experimentos sin permitirme dudar o pensar en las consecuencias de mis actos, o en mi decadente estado de salud.

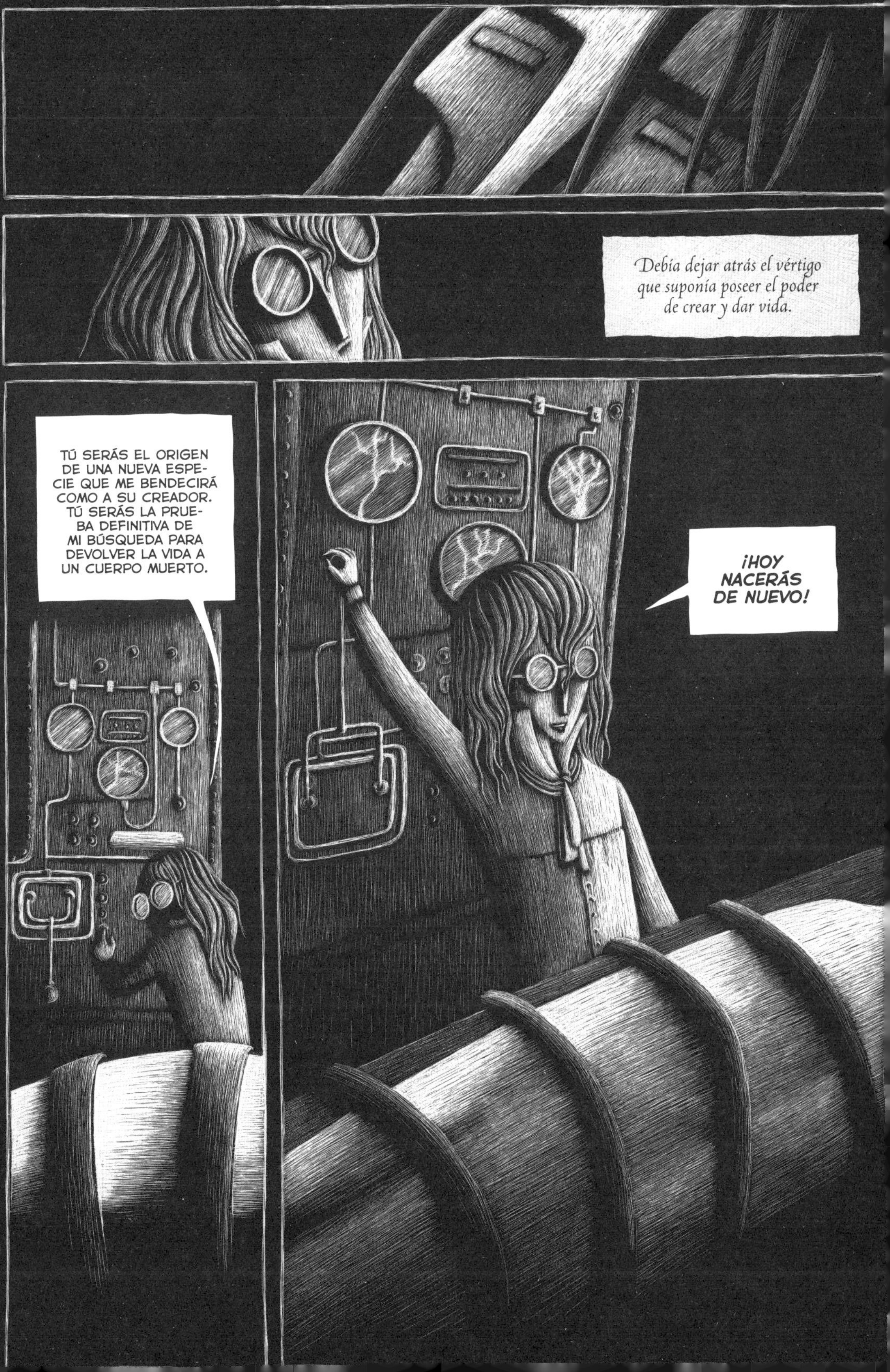
Debía dejar atrás el vértigo que suponía poseer el poder de crear y dar vida.
TÚ SERÁS EL ORIGEN DE UNA NUEVA ESPECIE QUE ME BENDECIRÁ COMO A SU CREADOR. TÚ SERÁS LA PRUEBA DEFINITIVA DE MI BÚSQUEDA PARA DEVOLVER LA VIDA A UN CUERPO MUERTO.
¡HOY NACERÁS DE NUEVO!

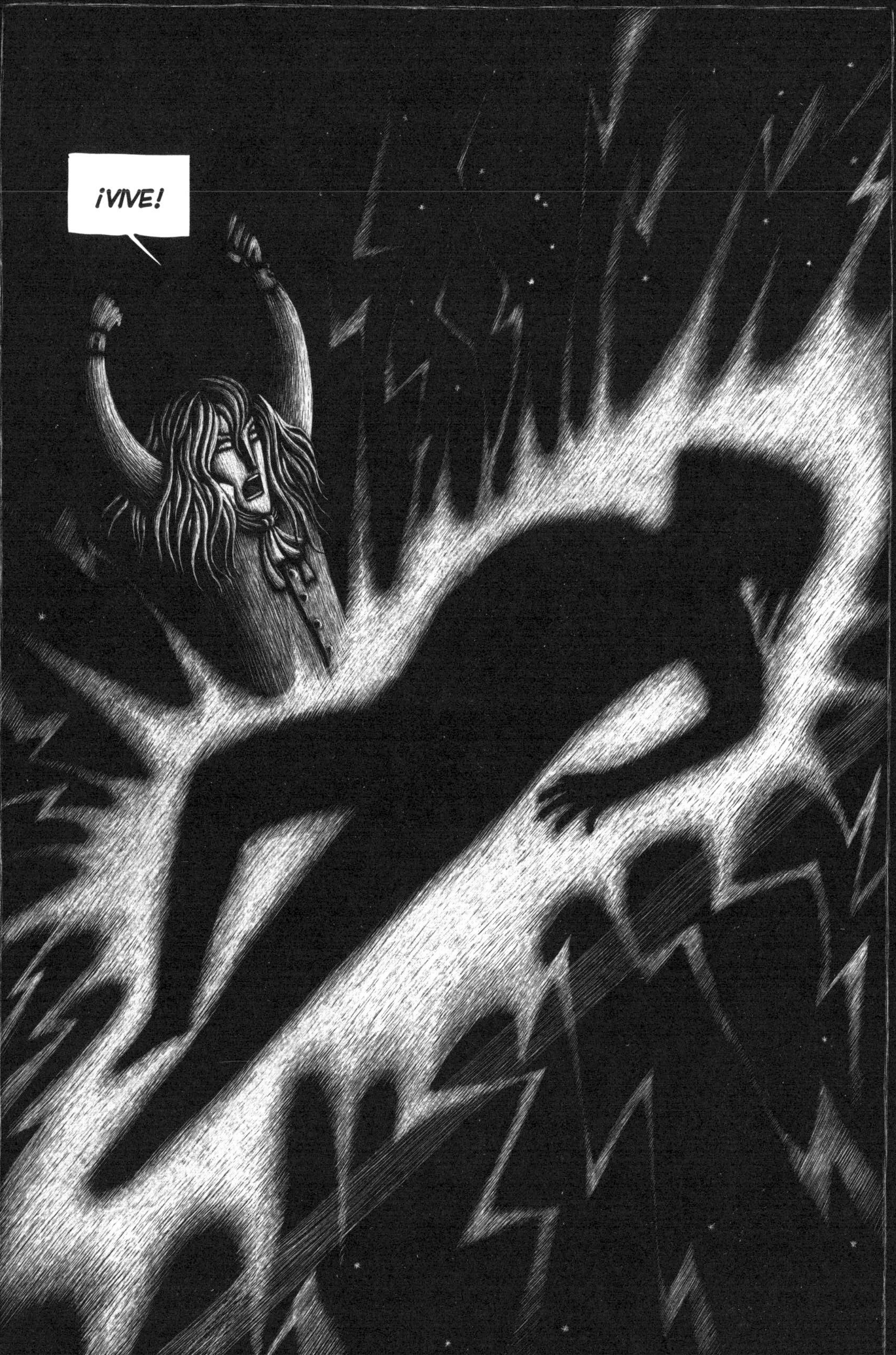
¡VIVE!

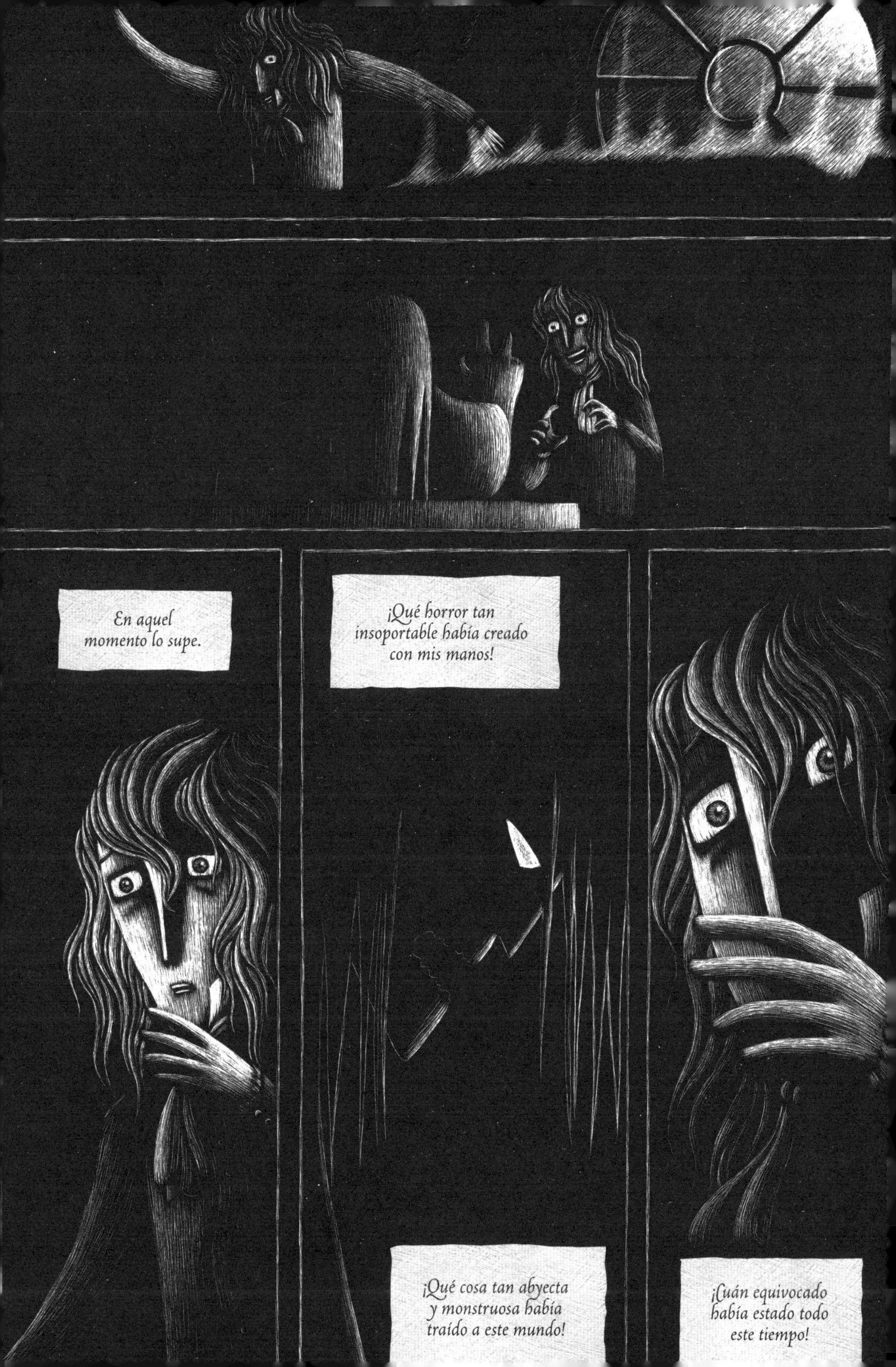
En aquel momento lo supe.
¡Qué horror tan insoportable había creado con mis manos!
¡Qué cosa tan abyecta y monstruosa había traído a este mundo!
¡Cuán equivocado había estado todo este tiempo!

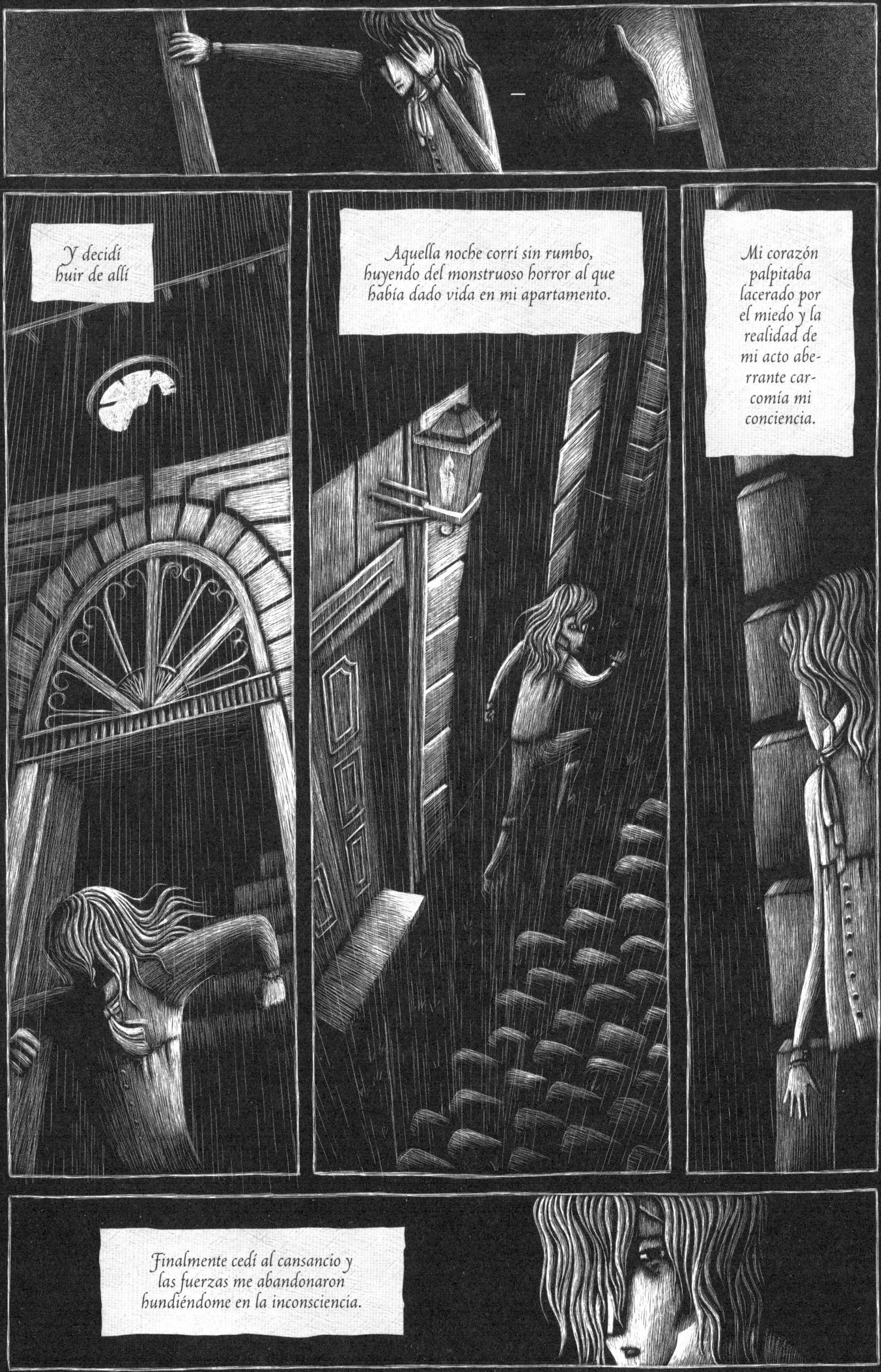
Y decidí huir de allí
Aquella noche corrí sin rumbo, huyendo del monstruoso horror al que había dado vida en mi apartamento.
Mi corazón palpitaba lacerado por el miedo y la realidad de mi acto aberrante carcomía mi conciencia.
Finalmente cedí al cansancio y las fuerzas me abandonaron hundiéndome en la inconsciencia.

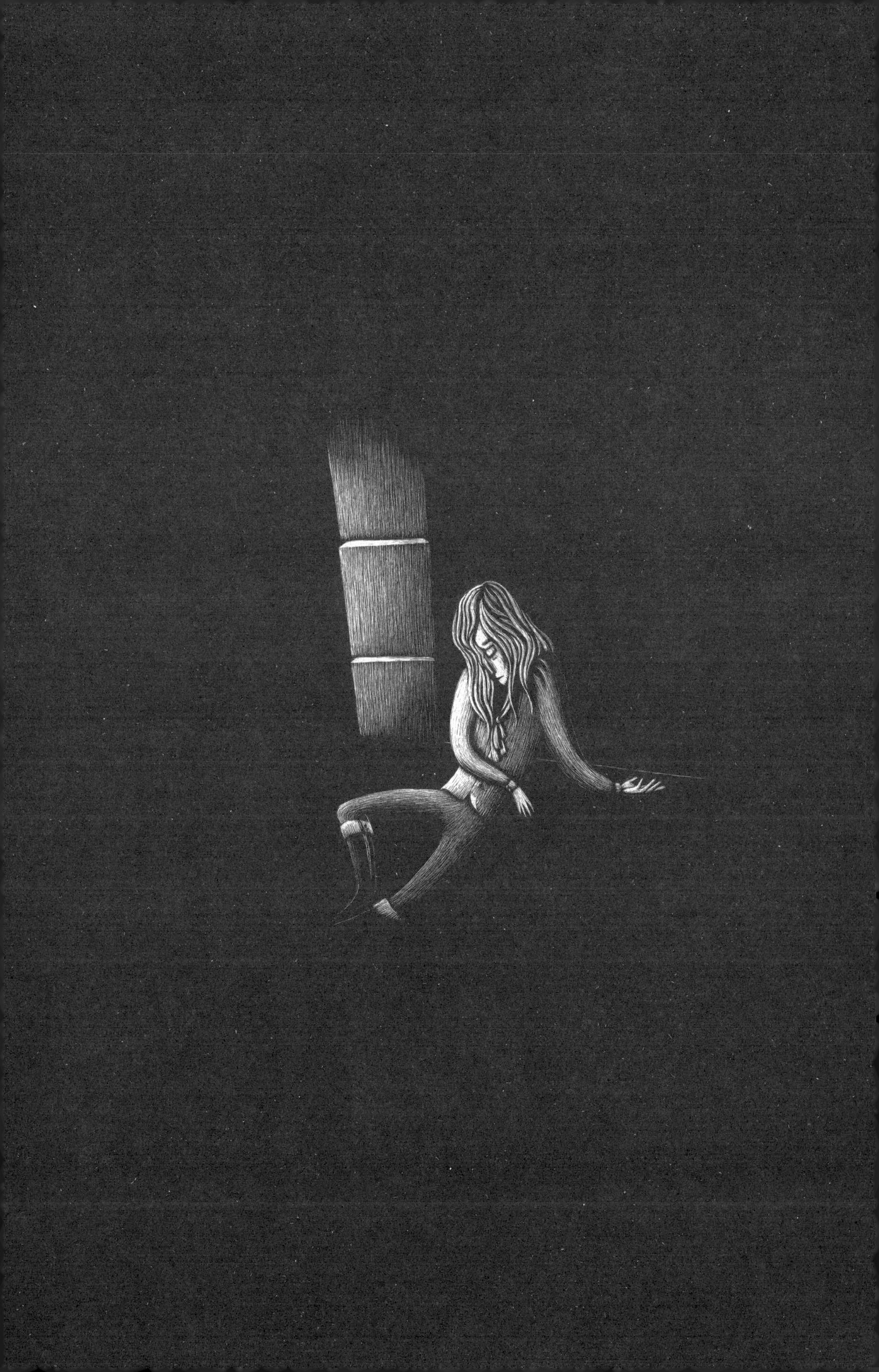

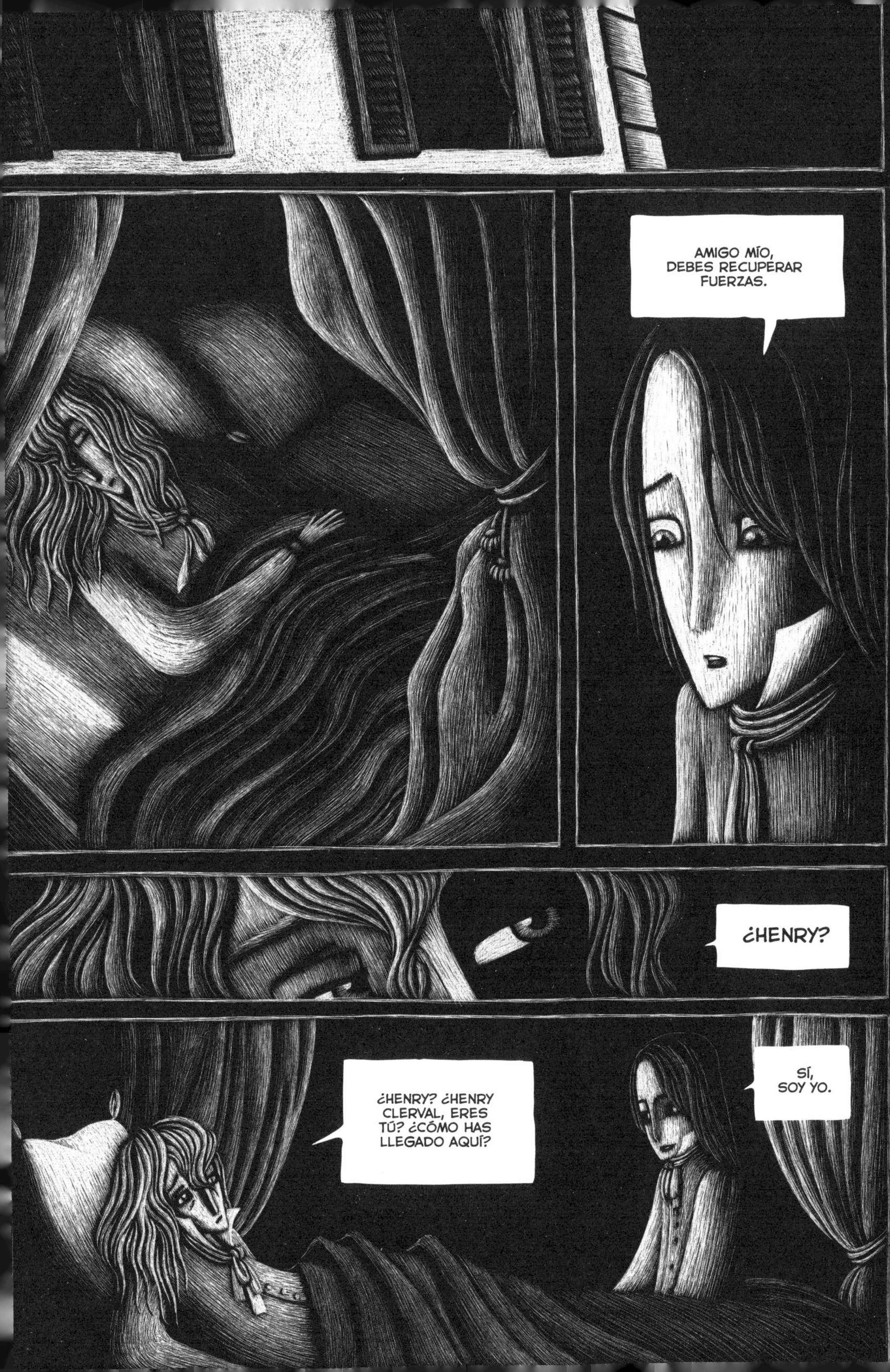
AMIGO MÍO, DEBES RECUPERAR FUERZAS.
¿HENRY?
¿HENRY? ¿HENRY CLERVAL, ERES TÚ? ¿CÓMO HAS LLEGADO AQUÍ?
SÍ, SOY YO.

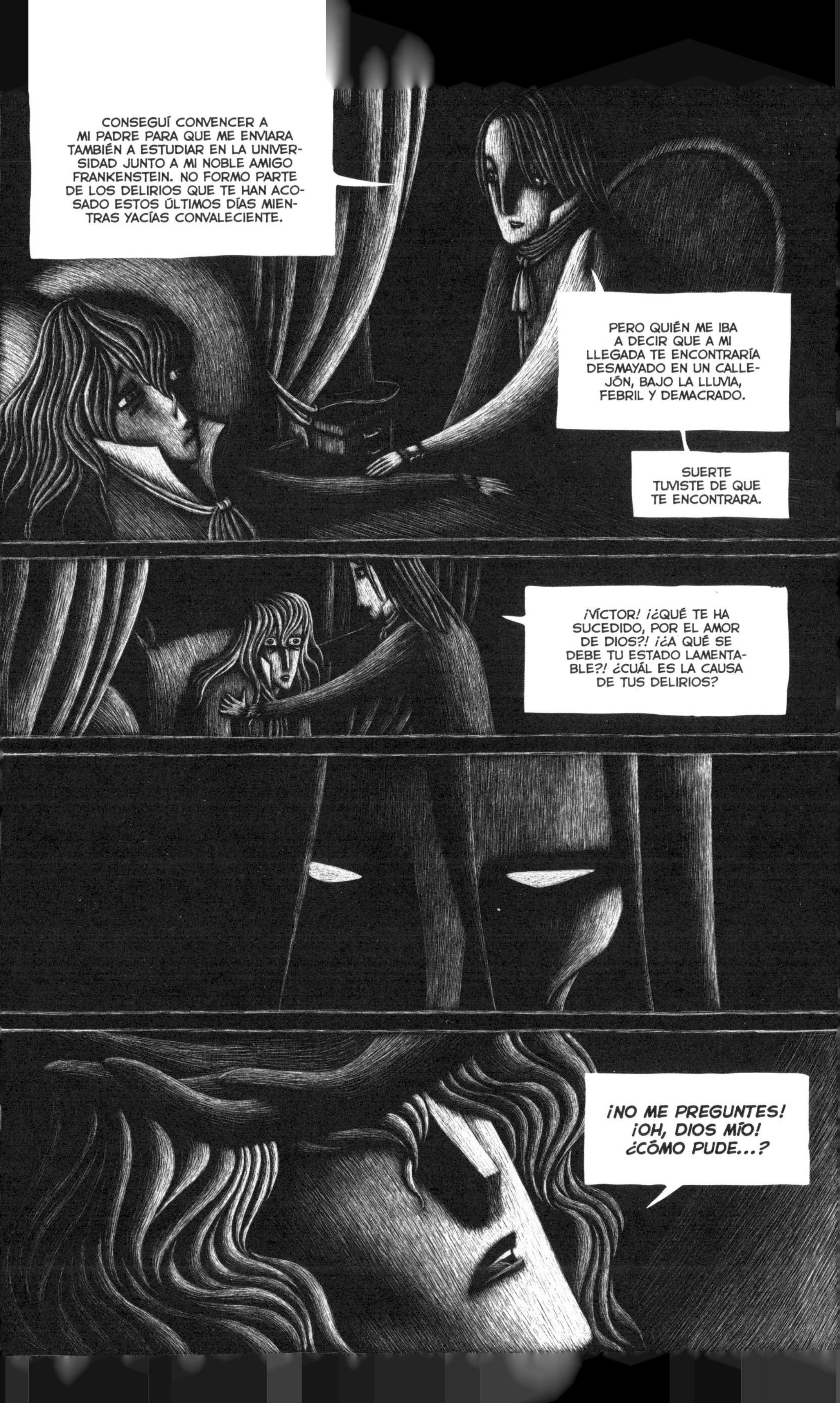
CONSEGUÍ CONVENCER A MI PADRE PARA QUE ME ENVIARA TAMBIÉN A ESTUDIAR EN LA UNIVERSIDAD JUNTO A MI NOBLE AMIGO FRANKENSTEIN. NO FORMO PARTE DE LOS DELIRIOS QUE TE HAN ACOSADO ESTOS ÚLTIMOS DÍAS MIENTRAS YACÍAS CONVALECIENTE.
PERO QUIÉN ME IBA A DECIR QUE A MI LLEGADA TE ENCONTRARÍA DESMAYADO EN UN CALLEJÓN, BAJO LA LLUVIA, FEBRIL Y DEMACRADO.
SUERTE TUVISTE DE QUE TE ENCONTRARA.
¡VÍCTOR! ¡¿QUÉ TE HA SUCEDIDO, POR EL AMOR DE DIOS?! ¡¿A QUÉ SE DEBE TU ESTADO LAMENTABLE?! ¿CUÁL ES LA CAUSA DE TUS DELIRIOS?
¡NO ME PREGUNTES! ¡OH, DIOS MÍO! ¿CÓMO PUDE...?

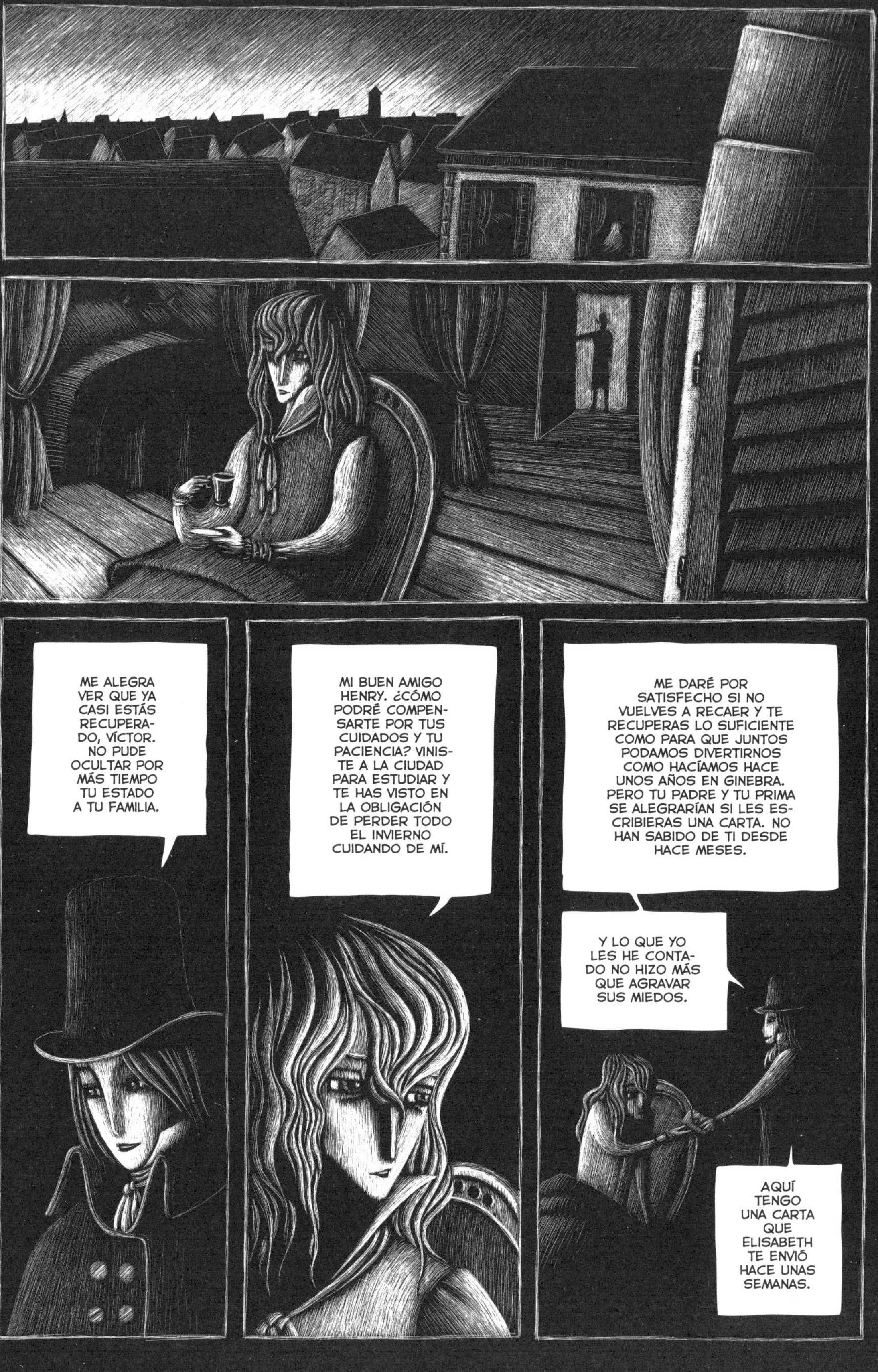
ME ALEGRA VER QUE YA CASI ESTÁS RECUPERADO, VÍCTOR. NO PUDE OCULTAR POR MÁS TIEMPO TU ESTADO A TU FAMILIA.
MI BUEN AMIGO HENRY. ¿CÓMO PODRÉ COMPENSARTE POR TUS CUIDADOS Y TU PACIENCIA? VINISTE A LA CIUDAD PARA ESTUDIAR Y TE HAS VISTO EN LA OBLIGACIÓN DE PERDER TODO EL INVIERNO CUIDANDO DE MÍ.
ME DARÉ POR SATISFECHO SI NO VUELVES A RECAER Y TE RECUPERAS LO SUFICIENTE COMO PARA QUE JUNTOS PODAMOS DIVERTIRNOS COMO HACÍAMOS HACE UNOS AÑOS EN GINEBRA. PERO TU PADRE Y TU PRIMA SE ALEGRARÍAN SI LES ESCRIBIERAS UNA CARTA. NO HAN SABIDO DE TI DESDE HACE MESES.
Y LO QUE YO LES HE CONTADO NO HIZO MÁS QUE AGRAVAR SUS MIEDOS.
AQUÍ TENGO UNA CARTA QUE ELISABETH TE ENVIÓ HACE UNAS SEMANAS.

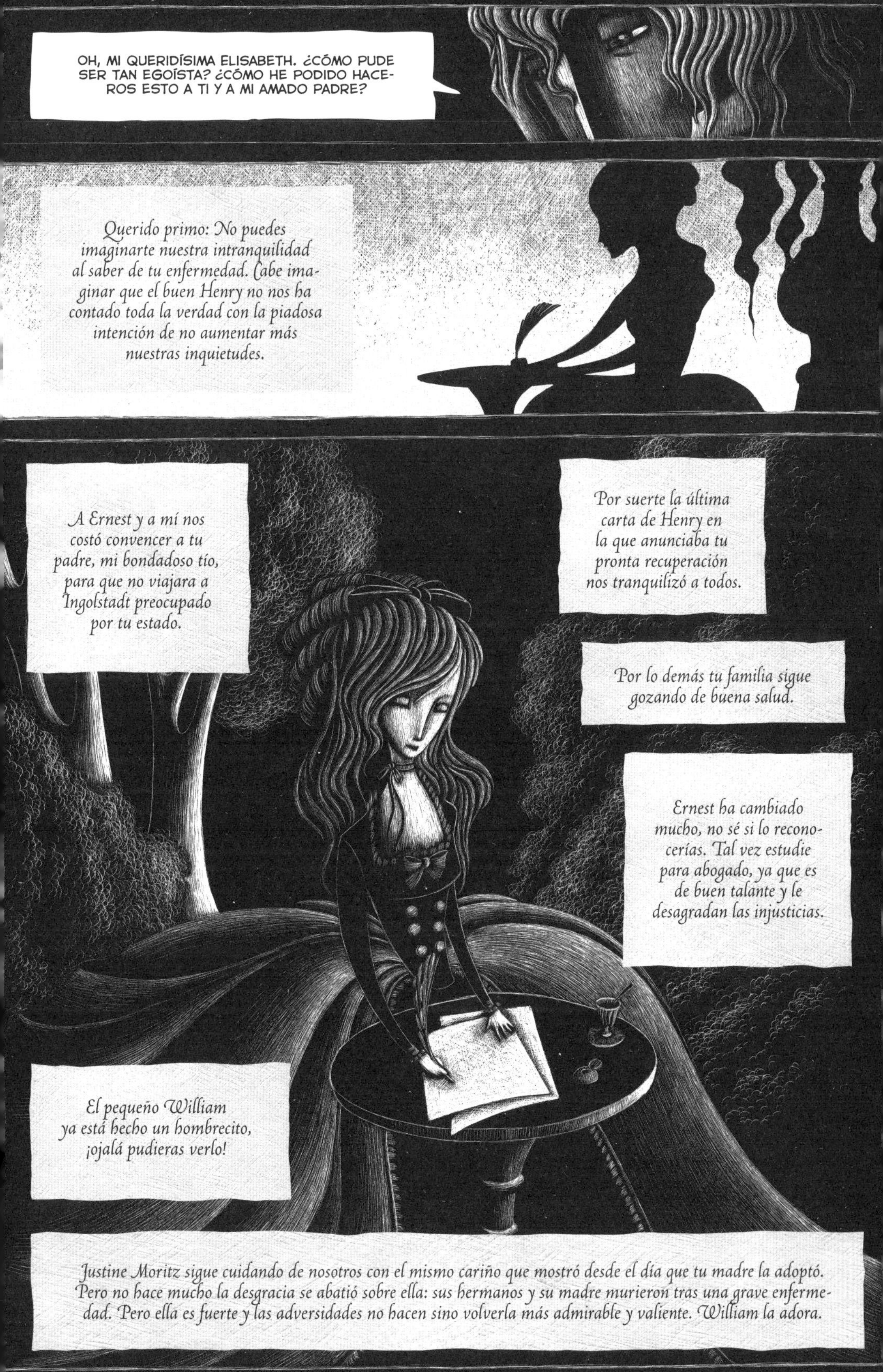
OH, MI QUERIDÍSIMA ELISABETH. ¿CÓMO PUDE SER TAN EGOÍSTA? ¿CÓMO HE PODIDO HACEROS ESTO A TI Y A MI AMADO PADRE?
Querido primo: No puedes imaginarte nuestra intranquilidad al saber de tu enfermedad. Cabe imaginar que el buen Henry no nos ha contado toda la verdad con la piadosa intención de no aumentar más nuestras inquietudes.
A Ernest y a mí nos costó convencer a tu padre, mi bondadoso tío, para que no viajara a Ingolstadt preocupado por tu estado.
Por suerte la última carta de Henry en la que anunciaba tu pronta recuperación nos tranquilizó a todos.
Por lo demás tu familia sigue gozando de buena salud.
Ernest ha cambiado mucho, no sé si lo reconocerías. Tal vez estudie para abogado, ya que es de buen talante y le desagradan las injusticias.
El pequeño William ya está hecho un hombrecito, ¡ojalá pudieras verlo!
Justine Moritz sigue cuidando de nosotros con el mismo cariño que mostró desde el día que tu madre la adoptó. Pero no hace mucho la desgracia se abatió sobre ella: sus hermanos y su madre murieron tras una grave enfermedad. Pero ella es fuerte y las adversidades no hacen sino volverla más admirable y valiente. William la adora.

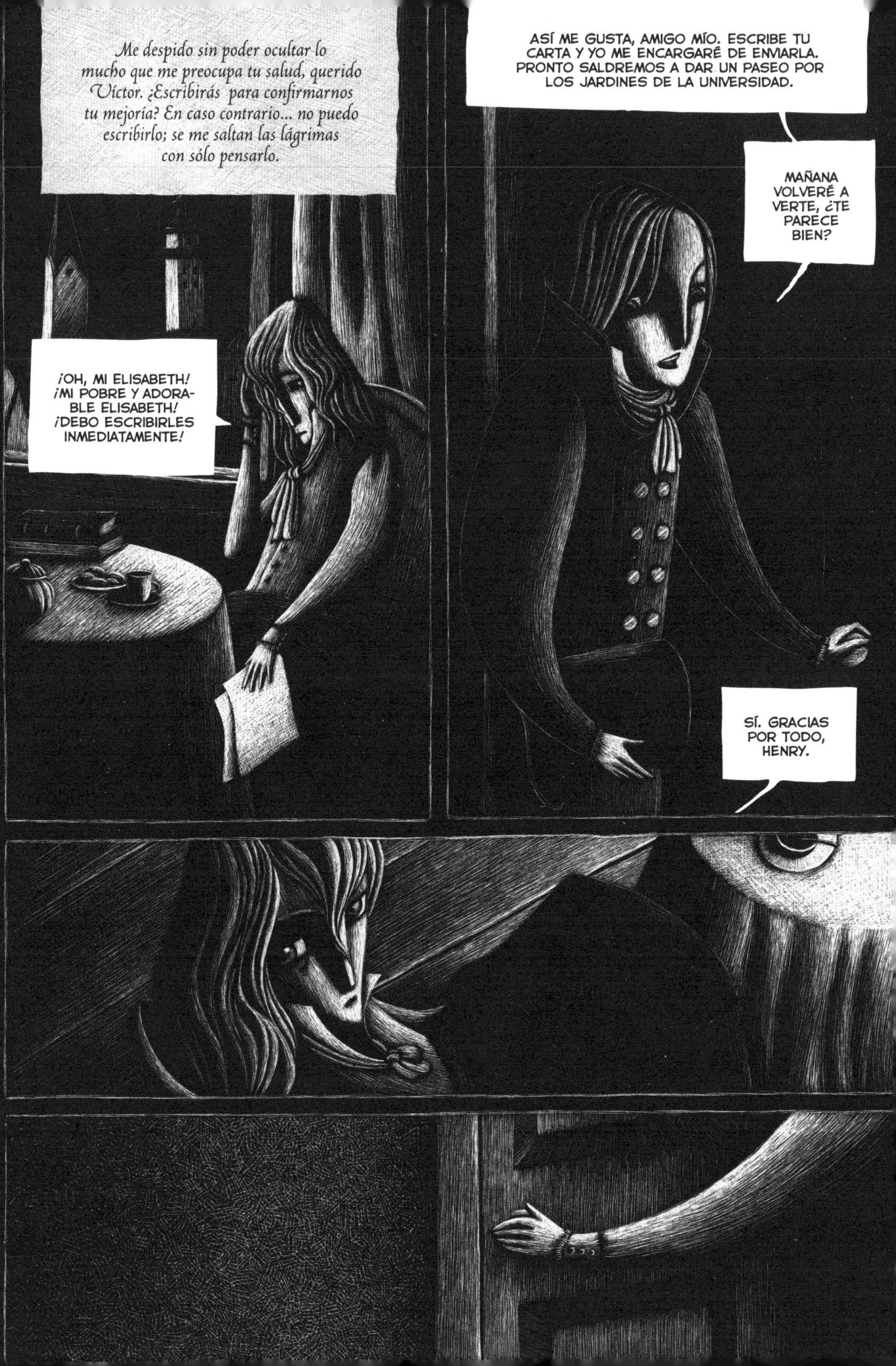
Me despido sin poder ocultar lo mucho que me preocupa tu salud, querido Víctor. ¿Escribirás para confirmarnos tu mejoría? En caso contrario... no puedo escribirlo; se me saltan las lágrimas con sólo pensarlo.
¡OH, MI ELISABETH! ¡MI POBRE Y ADORABLE ELISABETH! ¡DEBO ESCRIBIRLES INMEDIATAMENTE!
ASÍ ME GUSTA, AMIGO MÍO. ESCRIBE TU CARTA Y YO ME ENCARGARÉ DE ENVIARLA. PRONTO SALDREMOS A DAR UN PASEO POR LOS JARDINES DE LA UNIVERSIDAD.
MAÑANA VOLVERÉ A VERTE, ¿TE PARECE BIEN?
SÍ. GRACIAS POR TODO, HENRY.

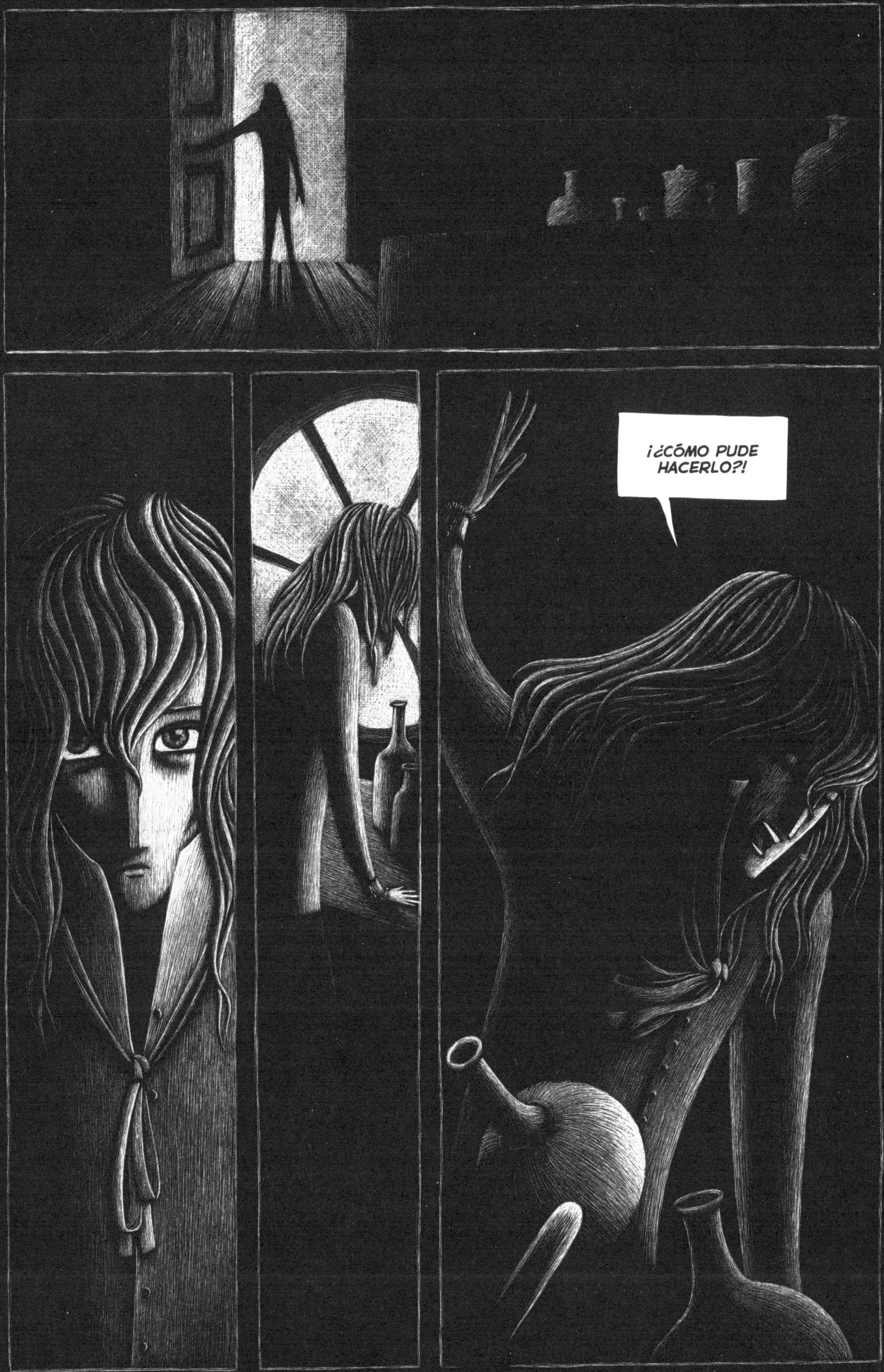
¡¿CÓMO PUDE HACERLO?!

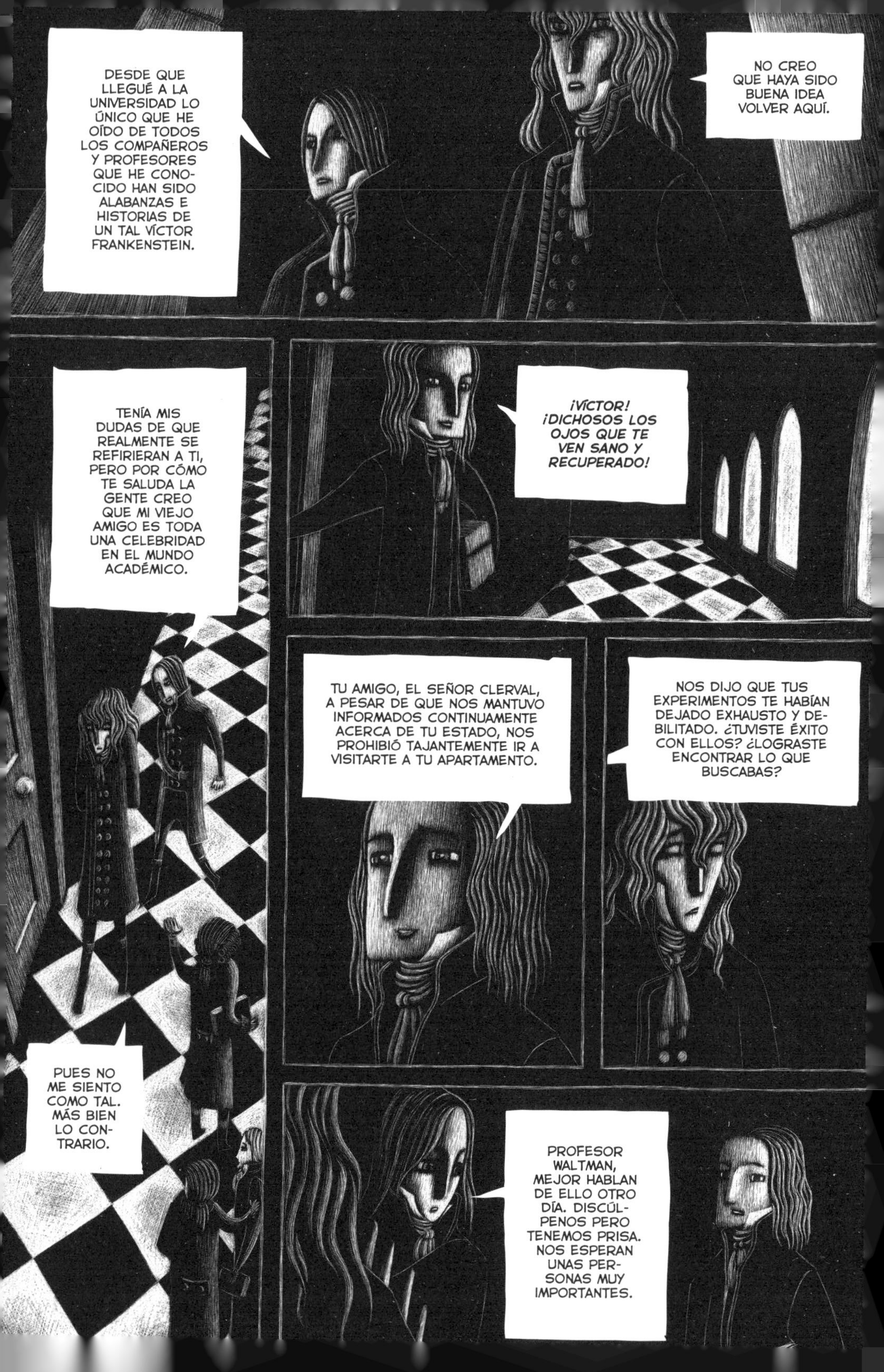
DESDE QUE LLEGUÉ A LA UNIVERSIDAD LO ÚNICO QUE HE OÍDO DE TODOS LOS COMPAÑEROS Y PROFESORES QUE HE CONOCIDO HAN SIDO ALABANZAS E HISTORIAS DE UN TAL VÍCTOR FRANKENSTEIN.
NO CREO QUE HAYA SIDO BUENA IDEA VOLVER AQUÍ.
TENÍA MIS DUDAS DE QUE REALMENTE SE REFIRIERAN A TI, PERO POR CÓMO TE SALUDA LA GENTE CREO QUE MI VIEJO AMIGO ES TODA UNA CELEBRIDAD EN EL MUNDO ACADÉMICO.
PUES NO ME SIENTO COMO TAL. MÁS BIEN LO CONTRARIO.
¡VÍCTOR! ¡DICHOSOS LOS OJOS QUE TE VEN SANO Y RECUPERADO!
TU AMIGO, EL SEÑOR CLERVAL, A PESAR DE QUE NOS MANTUVO INFORMADOS CONTINUAMENTE ACERCA DE TU ESTADO, NOS PROHIBIÓ TAJANTEMENTE IR A VISITARTE A TU APARTAMENTO.
NOS DIJO QUE TUS EXPERIMENTOS TE HABÍAN DEJADO EXHAUSTO Y DEBILITADO. ¿TUVISTE ÉXITO CON ELLOS? ¿LOGRASTE ENCONTRAR LO QUE BUSCABAS?
PROFESOR WALTMAN, MEJOR HABLAN DE ELLO OTRO DÍA. DISCÚLPENOS PERO TENEMOS PRISA. NOS ESPERAN UNAS PERSONAS MUY IMPORTANTES.

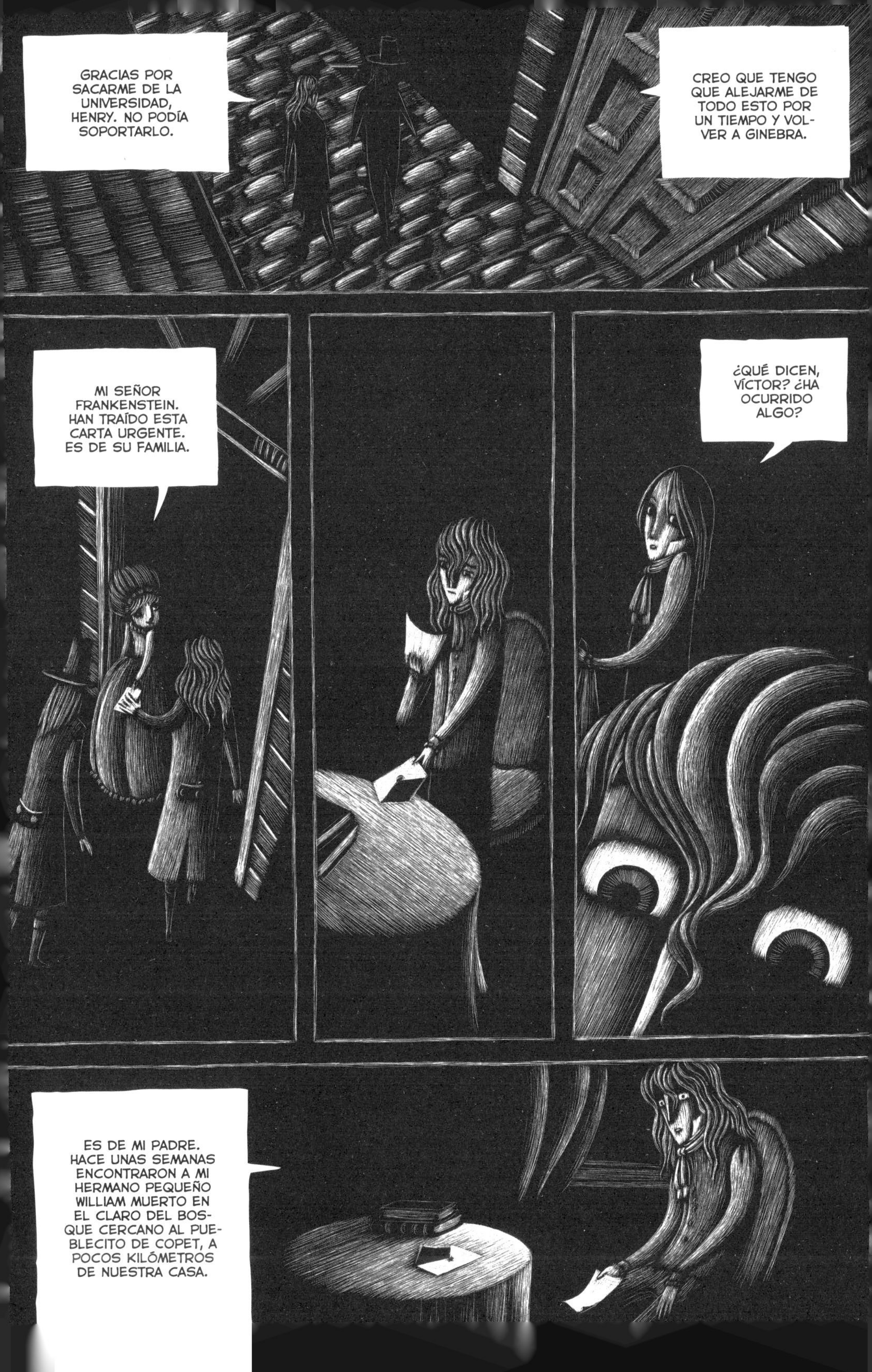
GRACIAS POR SACARME DE LA UNIVERSIDAD, HENRY. NO PODÍA SOPORTARLO.
CREO QUE TENGO QUE ALEJARME DE TODO ESTO POR UN TIEMPO Y VOLVER A GINEBRA.
MI SEÑOR FRANKENSTEIN. HAN TRAÍDO ESTA CARTA URGENTE. ES DE SU FAMILIA.
¿QUÉ DICEN, VÍCTOR? ¿HA OCURRIDO ALGO?
ES DE MI PADRE. HACE UNAS SEMANAS ENCONTRARON A MI HERMANO PEQUEÑO WILLIAM MUERTO EN EL CLARO DEL BOSQUE CERCANO AL PUEBLECITO DE COPET, A POCOS KILÓMETROS DE NUESTRA CASA.

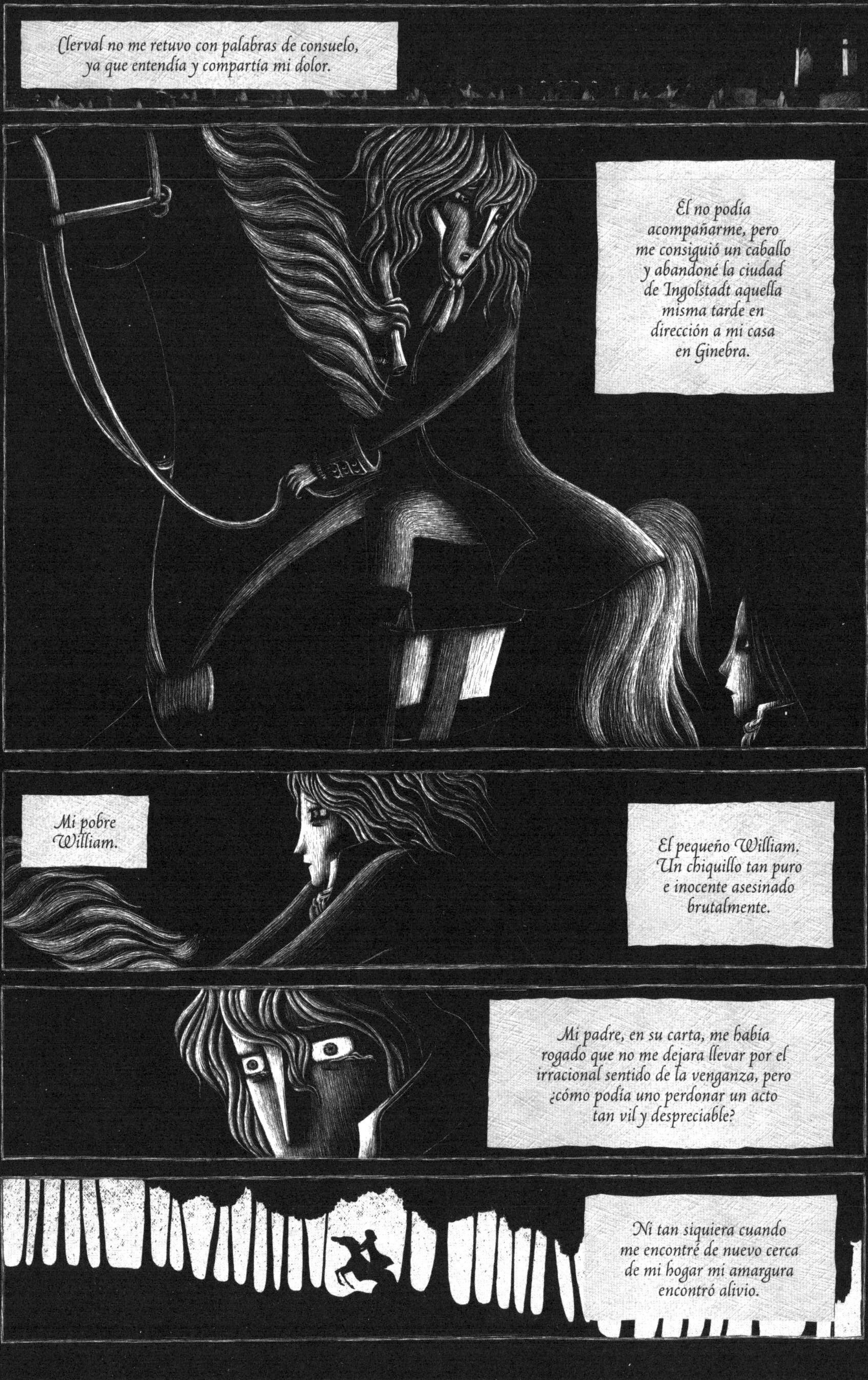
Clerval no me retuvo con palabras de consuelo, ya que entendía y compartía mi dolor.
Él no podía acompañarme, pero me consiguió un caballo y abandoné la ciudad de Ingolstadt aquella misma tarde en dirección a mi casa en Ginebra.
Mi pobre William.
El pequeño William. Un chiquillo tan puro e inocente asesinado brutalmente.
Mi padre, en su carta, me había rogado que no me dejara llevar por el irracional sentido de la venganza, pero ¿cómo podía uno perdonar un acto tan vil y despreciable?
Ni tan siquiera cuando me encontré de nuevo cerca de mi hogar mi amargura encontró alivio.

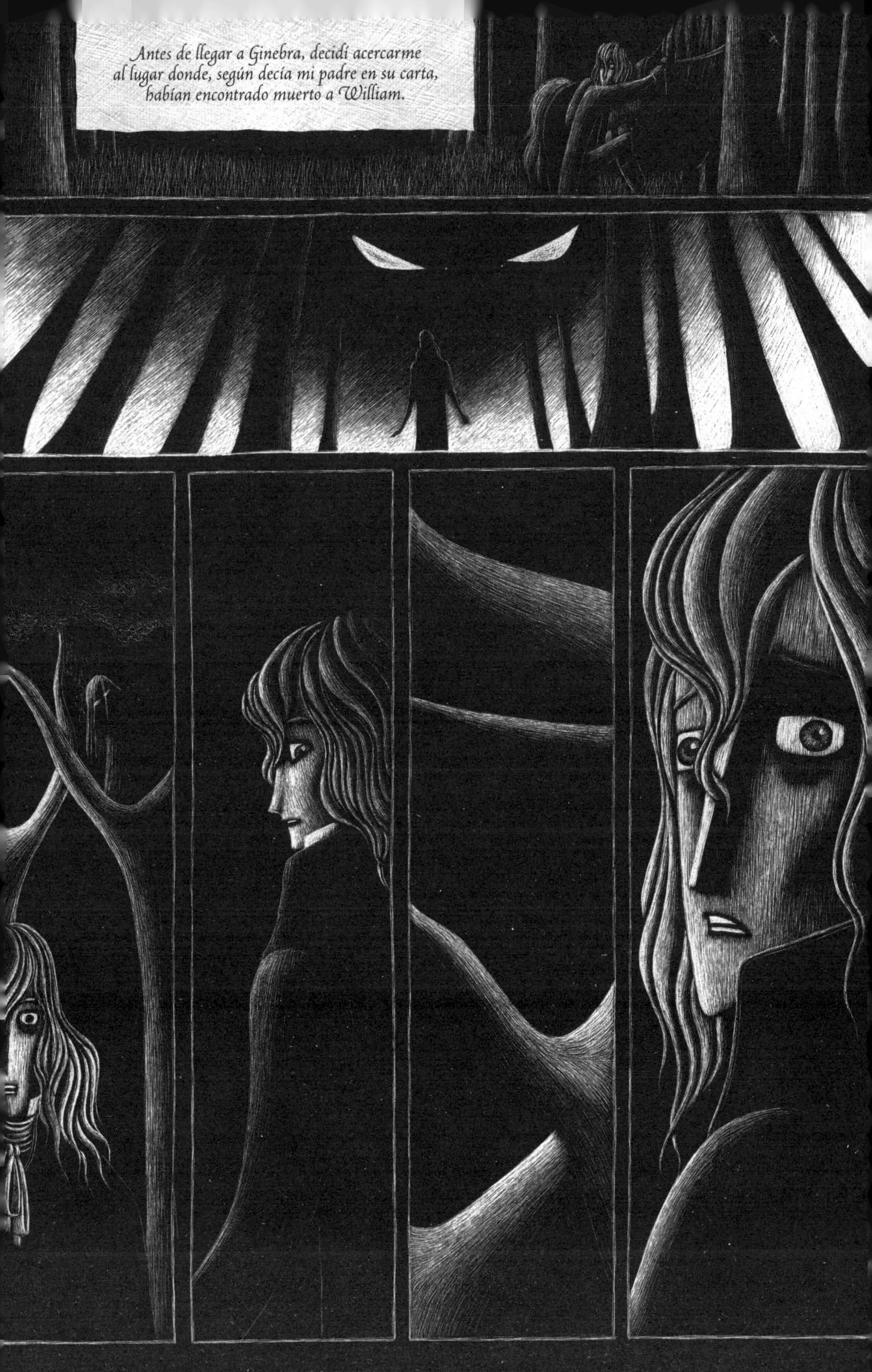
Antes de llegar a Ginebra, decidí acercarme al lugar donde, según decía mi padre en su carta, habían encontrado muerto a William.

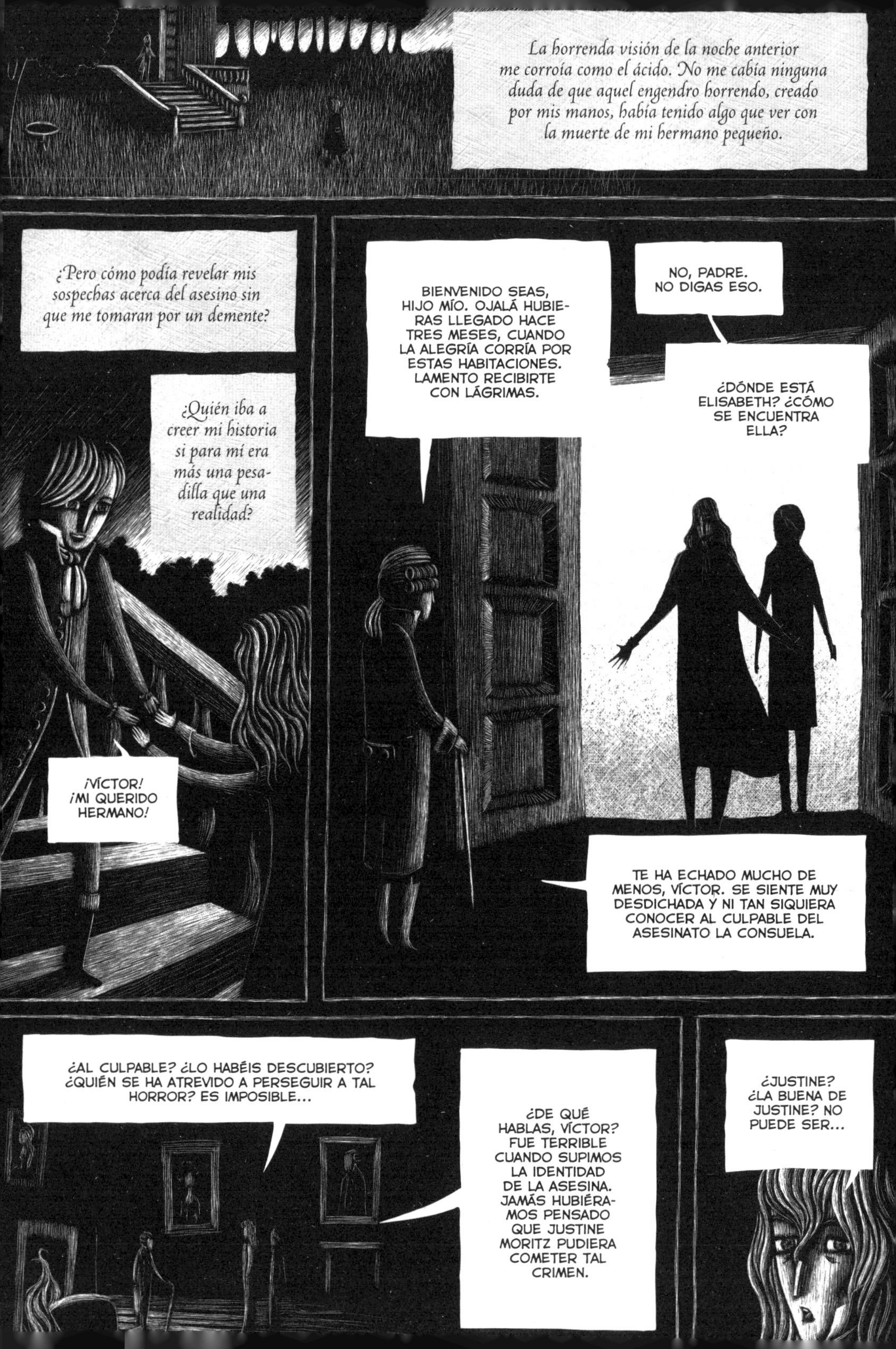
La horrenda visión de la noche anterior me corroía como el ácido. No me cabía ninguna duda de que aquel engendro horrendo, creado por mis manos, había tenido algo que ver con la muerte de mi hermano pequeño.
¿Pero cómo podía revelar mis sospechas acerca del asesino sin que me tomaran por un demente?
¿Quién iba a creer mi historia si para mí era más una pesadilla que una realidad?
¡VÍCTOR! ¡MI QUERIDO HERMANO!
BIENVENIDO SEAS, HIJO MÍO. OJALÁ HUBIERAS LLEGADO HACE TRES MESES, CUANDO LA ALEGRÍA CORRÍA POR ESTAS HABITACIONES. LAMENTO RECIBIRTE CON LÁGRIMAS.
NO, PADRE. NO DIGAS ESO.
¿DÓNDE ESTÁ ELISABETH? ¿CÓMO SE ENCUENTRA ELLA?
TE HA ECHADO MUCHO DE MENOS, VÍCTOR. SE SIENTE MUY DESDICHADA Y NI TAN SIQUIERA CONOCER AL CULPABLE DEL ASESINATO LA CONSUELA.
¿AL CULPABLE? ¿LO HABÉIS DESCUBIERTO? ¿QUIÉN SE HA ATREVIDO A PERSEGUIR A TAL HORROR? ES IMPOSIBLE...
¿DE QUÉ HABLAS, VÍCTOR? FUE TERRIBLE CUANDO SUPIMOS LA IDENTIDAD DE LA ASESINA. JAMÁS HUBIÉRAMOS PENSADO QUE JUSTINE MORITZ PUDIERA COMETER TAL CRIMEN.
¿JUSTINE? ¿LA BUENA DE JUSTINE? NO PUEDE SER...

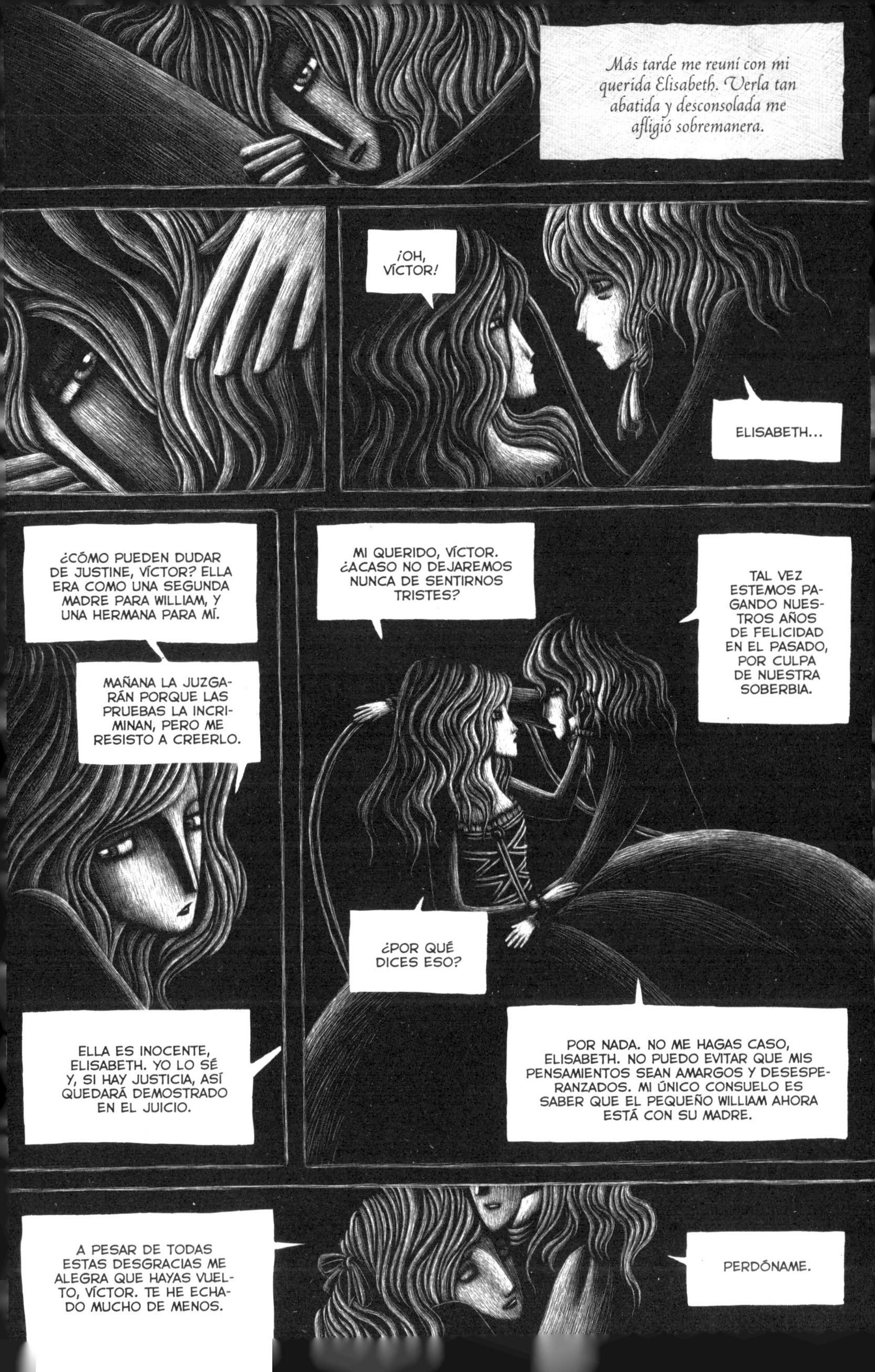
Más tarde me reuní con mi querida Elisabeth. Verla tan abatida y desconsolada me afligió sobremanera.
¡OH, VÍCTOR!
ELISABETH...
¿CÓMO PUEDEN DUDAR DE JUSTINE, VÍCTOR? ELLA ERA COMO UNA SEGUNDA MADRE PARA WILLIAM, Y UNA HERMANA PARA MÍ.
MAÑANA LA JUZGARÁN PORQUE LAS PRUEBAS LA INCRIMINAN, PERO ME RESISTO A CREERLO.
ELLA ES INOCENTE, ELISABETH. YO LO SÉ Y, SI HAY JUSTICIA, ASÍ QUEDARÁ DEMOSTRADO EN EL JUICIO.
MI QUERIDO, VÍCTOR. ¿ACASO NO DEJAREMOS NUNCA DE SENTIRNOS TRISTES?
TAL VEZ ESTEMOS PAGANDO NUESTROS AÑOS DE FELICIDAD EN EL PASADO, POR CULPA DE NUESTRA SOBERBIA.
¿POR QUÉ DICES ESO?
POR NADA. NO ME HAGAS CASO, ELISABETH. NO PUEDO EVITAR QUE MIS PENSAMIENTOS SEAN AMARGOS Y DESESPERANZADOS. MI ÚNICO CONSUELO ES SABER QUE EL PEQUEÑO WILLIAM AHORA ESTÁ CON SU MADRE.
A PESAR DE TODAS ESTAS DESGRACIAS ME ALEGRA QUE HAYAS VUELTO, VÍCTOR. TE HE ECHADO MUCHO DE MENOS.
PERDÓNAME.

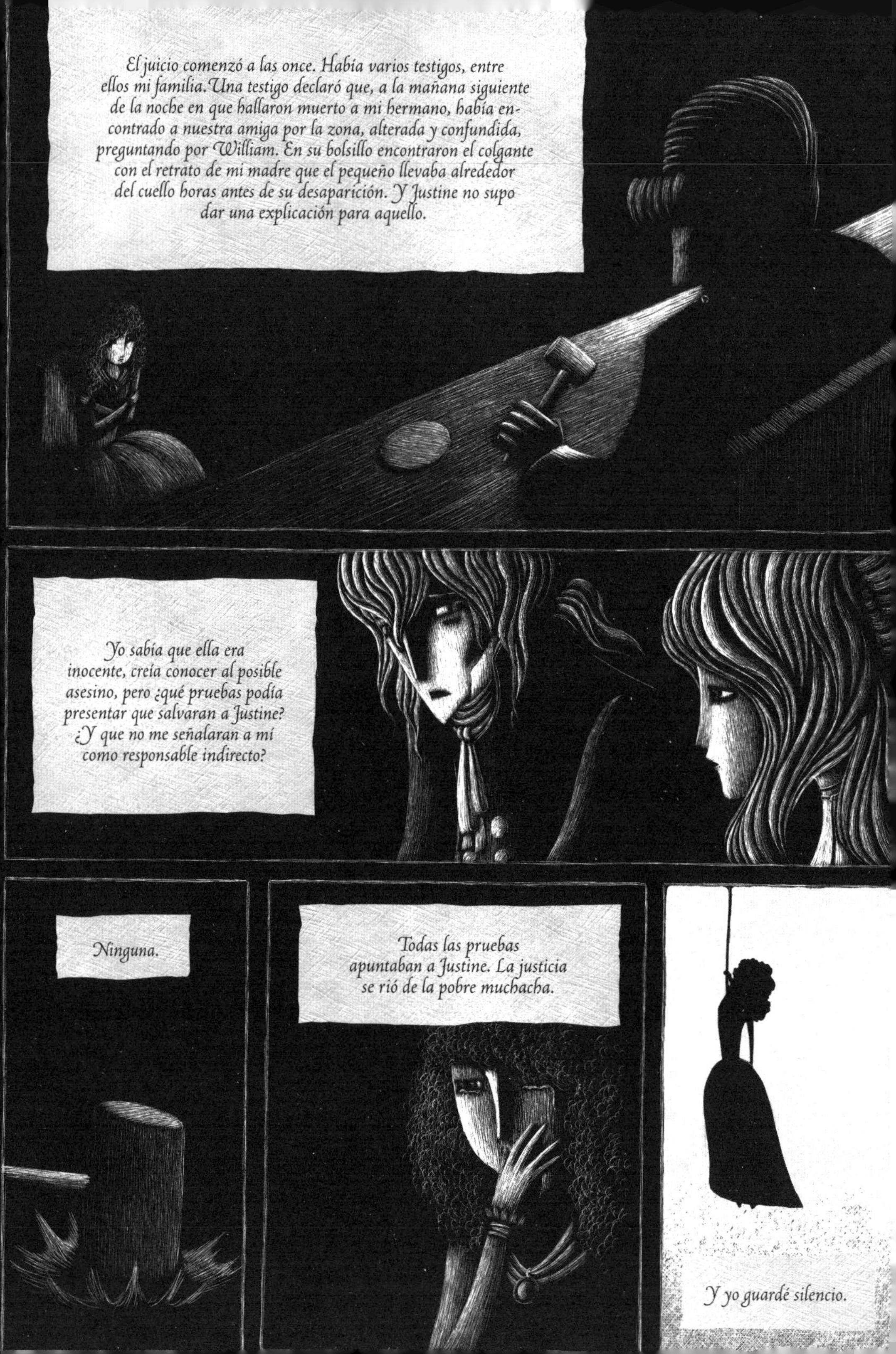
El juicio comenzó a las once. Había varios testigos, entre ellos mi familia. Una testigo declaró que, a la mañana siguiente de la noche en que hallaron muerto a mi hermano, había encontrado a nuestra amiga por la zona, alterada y confundida, preguntando por William. En su bolsillo encontraron el colgante con el retrato de mi madre que el pequeño llevaba alrededor del cuello horas antes de su desaparición. Y Justine no supo dar una explicación para aquello.
Yo sabía que ella era inocente, creía conocer al posible asesino, pero ¿qué pruebas podía presentar que salvaran a Justine? ¿Y que no me señalaran a mí como responsable indirecto?
Ninguna.
Todas las pruebas apuntaban a Justine. La justicia se rió de la pobre muchacha.
Y yo guardé silencio.

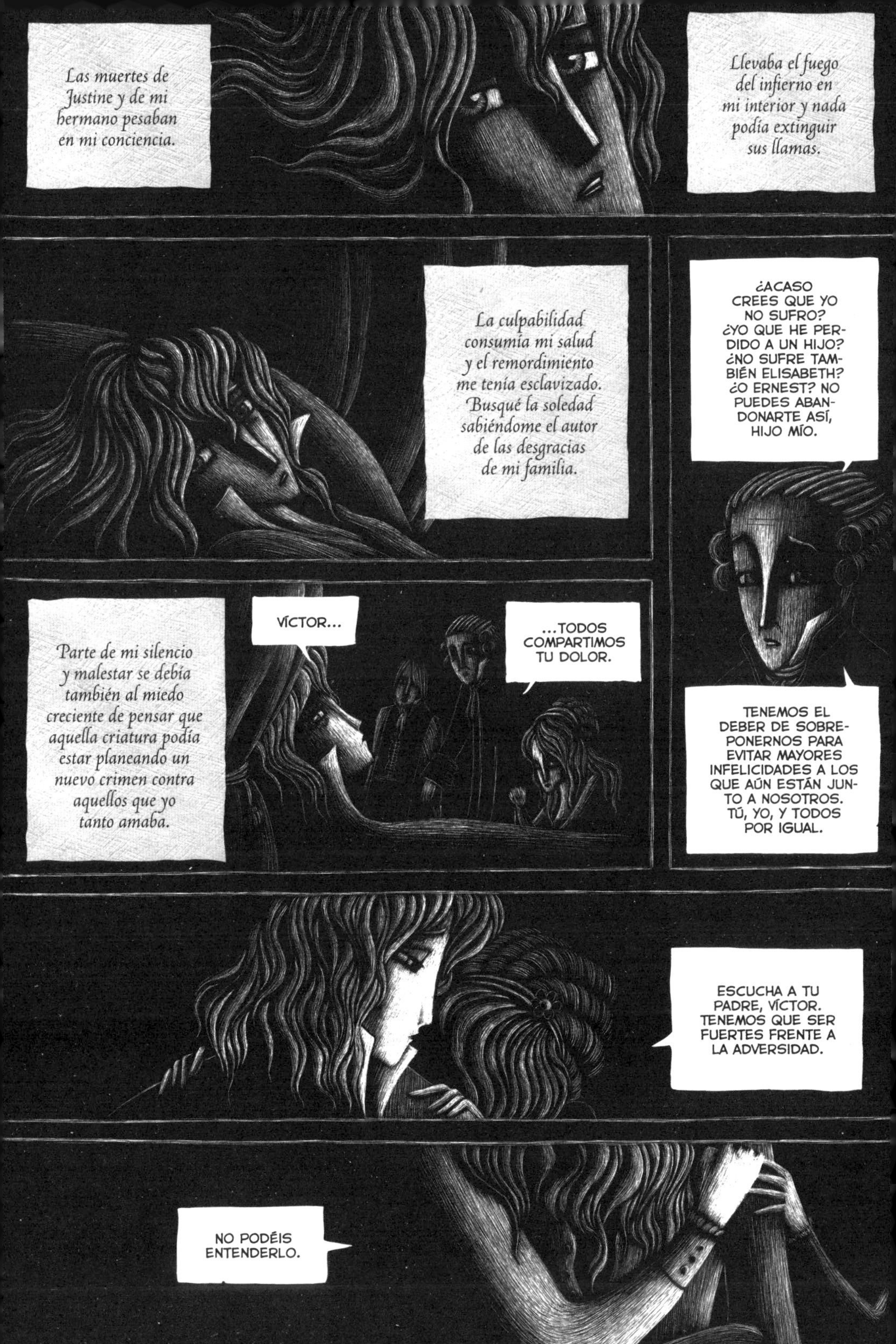
Las muertes de Justine y de mi hermano pesaban en mi conciencia.
Llevaba el fuego del infierno en mi interior y nada podía extinguir sus llamas.
La culpabilidad consumía mi salud y el remordimiento me tenía esclavizado. Busqué la soledad sabiéndome el autor de las desgracias de mi familia.
¿ACASO CREES QUE YO NO SUFRO? ¿YO QUE HE PERDIDO A UN HIJO? ¿NO SUFRE TAMBIÉN ELISABETH? ¿O ERNEST? NO PUEDES ABANDONARTE ASÍ, HIJO MÍO.
Parte de mi silencio y malestar se debía también al miedo creciente de pensar que aquella criatura podía estar planeando un nuevo crimen contra aquellos que yo tanto amaba.
VÍCTOR...
...TODOS COMPARTIMOS TU DOLOR.
TENEMOS EL DEBER DE SOBREPONERNOS PARA EVITAR MAYORES INFELICIDADES A LOS QUE AÚN ESTÁN JUNTO A NOSOTROS. TÚ, YO, Y TODOS POR IGUAL.
ESCUCHA A TU PADRE, VÍCTOR. TENEMOS QUE SER FUERTES FRENTE A LA ADVERSIDAD.
NO PODÉIS ENTENDERLO.

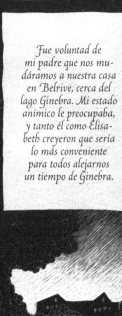

Fue voluntad de mi padre que nos mudáramos a nuestra casa en Belrive, cerca del lago Ginebra. Mi estado anímico le preocupaba, y tanto él como Elisabeth creyeron que sería lo más conveniente para todos alejarnos un tiempo de Ginebra.

TUVISTE UNA BUENA IDEA AL TRAERNOS AQUÍ, TÍO.

OPINO IGUAL, MAÑANA PODRÍAMOS IR DE EXCURSIÓN Y PASEAR EN BOTE POR EL LAGO.

INCLUSO PODRÍAMOS IR DENTRO DE UNOS DÍAS AL VALLE DE CHAMONIX, ¿QUÉ OPINAS, VÍCTOR?

ES UN BELLO LUGAR AL QUE, NO HE VUELTO DESDE HACE AÑOS. SI ERNEST Y TÚ QUERÉIS, PODEMOS PARTIR DENTRO DE UN PAR DE DÍAS.

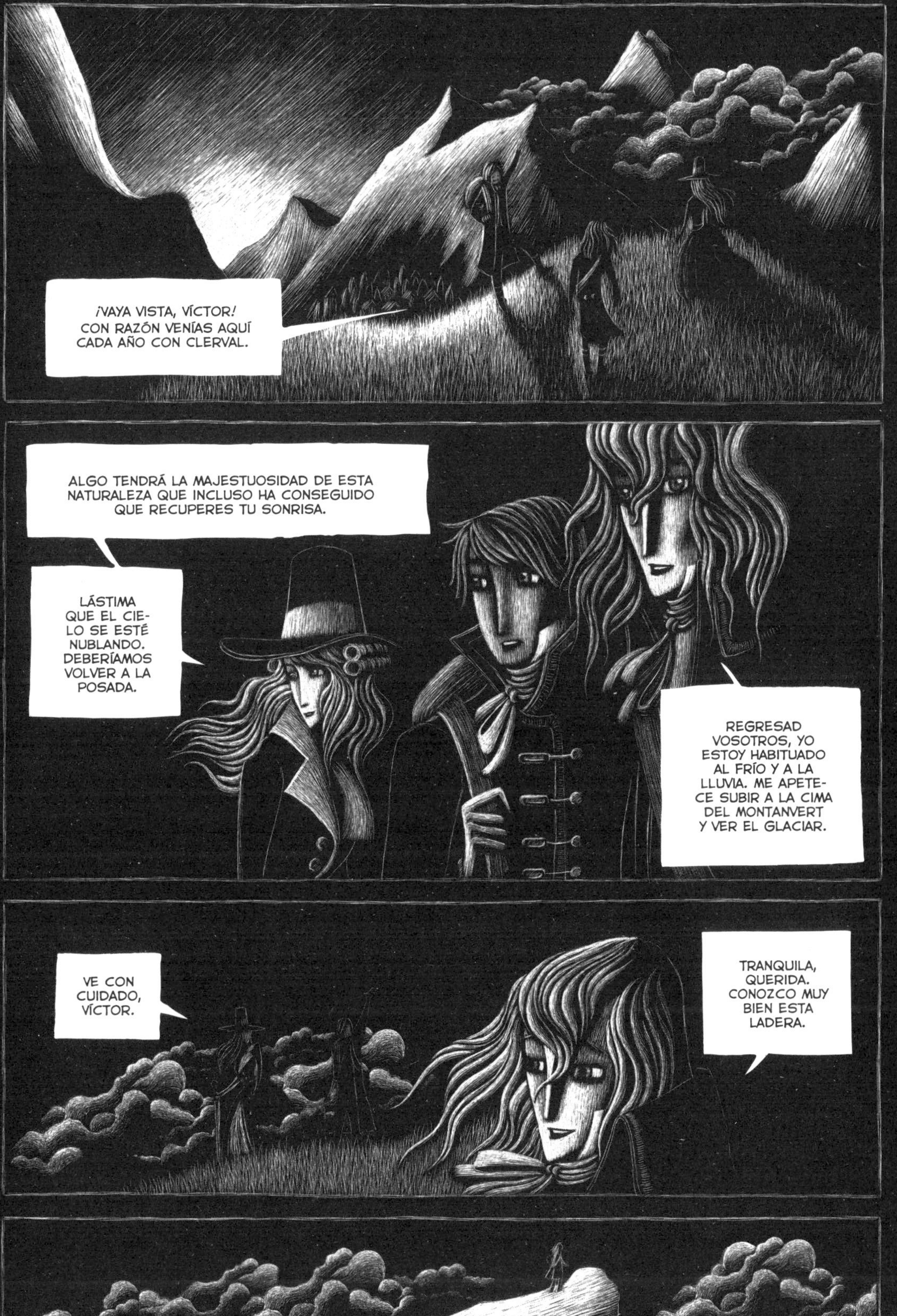
¡VAYA VISTA, VÍCTOR! CON RAZÓN VENÍAS AQUÍ CADA AÑO CON CLERVAL.
ALGO TENDRÁ LA MAJESTUOSIDAD DE ESTA NATURALEZA QUE INCLUSO HA CONSEGUIDO QUE RECUPERES TU SONRISA.
LÁSTIMA QUE EL CIELO SE ESTÉ NUBLANDO. DEBERÍAMOS VOLVER A LA POSADA.
REGRESAD VOSOTROS, YO ESTOY HABITUADO AL FRÍO Y A LA LLUVIA. ME APETECE SUBIR A LA CIMA DEL MONTANVERT Y VER EL GLACIAR.
VE CON CUIDADO, VÍCTOR.
TRANQUILA, QUERIDA. CONOZCO MUY BIEN ESTA LADERA.

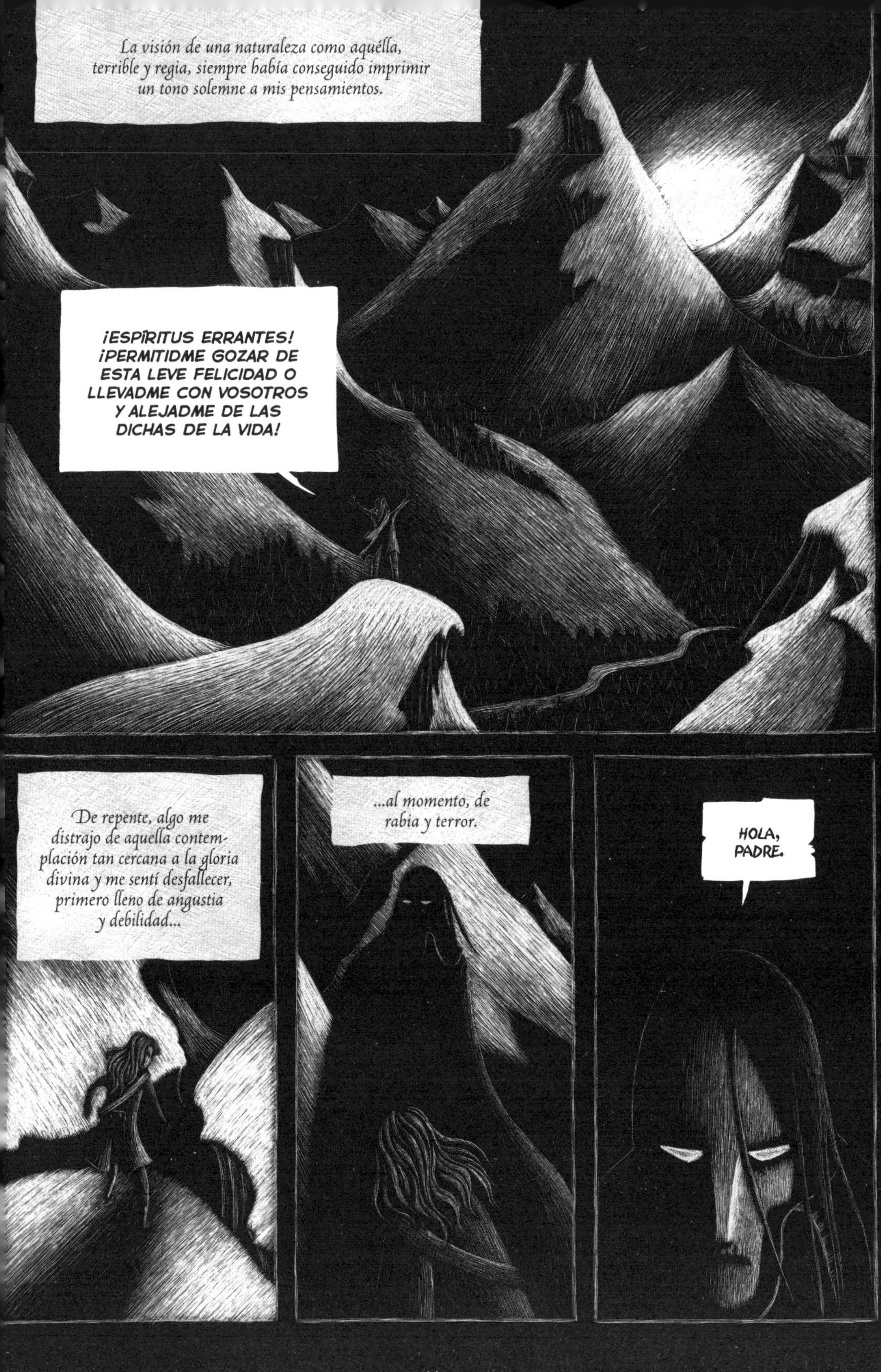
La visión de una naturaleza como aquélla, terrible y regia, siempre había conseguido imprimir un tono solemne a mis pensamientos.
¡ESPÍRITUS ERRANTES! ¡PERMITIDME GOZAR DE ESTA LEVE FELICIDAD O LLEVADME CON VOSOTROS Y ALEJADME DE LAS DICHAS DE LA VIDA!
De repente, algo me distrajo de aquella contemplación tan cercana a la gloria divina y me sentí desfallecer, primero lleno de angustia y debilidad...
...al momento, de rabia y terror.
HOLA, PADRE.

¡¿CÓMO TE ATREVES A ACERCARTE A MÍ, MONSTRUO?!

¡¿ACASO QUIERES QUE DESCARGUE SOBRE TU MISERABLE CABEZA LA JUSTA VENGANZA QUE MERECEN TUS CRÍMENES DIABÓLICOS?!

¡SIN DUDA, ACABAR CON TU EXISTENCIA SERÁ LA ÚNICA COMPENSACIÓN QUE PUEDA DAR A TUS INOCENTES VÍCTIMAS!

NO ESPERABA OTRO RECIBIMIENTO. LA HUMANIDAD ODIA A LOS DESGRACIADOS. CUÁNTO DESPRECIO DEBO INSPIRAR YO, QUE SOY EL MÁS MISERABLE DE LOS SERES VIVOS.

Y TÚ, MI CREADOR, ERES QUIEN MÁS ME DETESTA.

¡NUNCA DEBÍ CREARTE!

Y ADEMÁS AMENAZAS CON MATARME. ¿QUIÉN TE CREES QUE ERES PARA JUGAR ASÍ CON LA VIDA?

¡Y PRONTO CORREGIRÉ MI ERROR CON TU MUERTE!

¡MONSTRUO ABORRECIBLE! ¡DEMONIO!

¡LAS LLAMAS DEL INFIERNO NO BASTARÍAN PARA VENGAR TUS CRÍMENES!

CUMPLE CON TUS DEBERES HACIA MÍ, Y YO CUMPLIRÉ CONTIGO Y CON LA HUMANIDAD. SI ACEPTAS MIS CONDICIONES, OS DEJARÉ EN PAZ A TODOS, PERO SI TE NIEGAS...

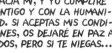

...BLANDIRÉ MI PUÑO CUAL GUADAÑA HASTA SACIARME CON LA MUERTE DE LOS SERES QUERIDOS QUE AÚN TE QUEDAN.

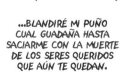

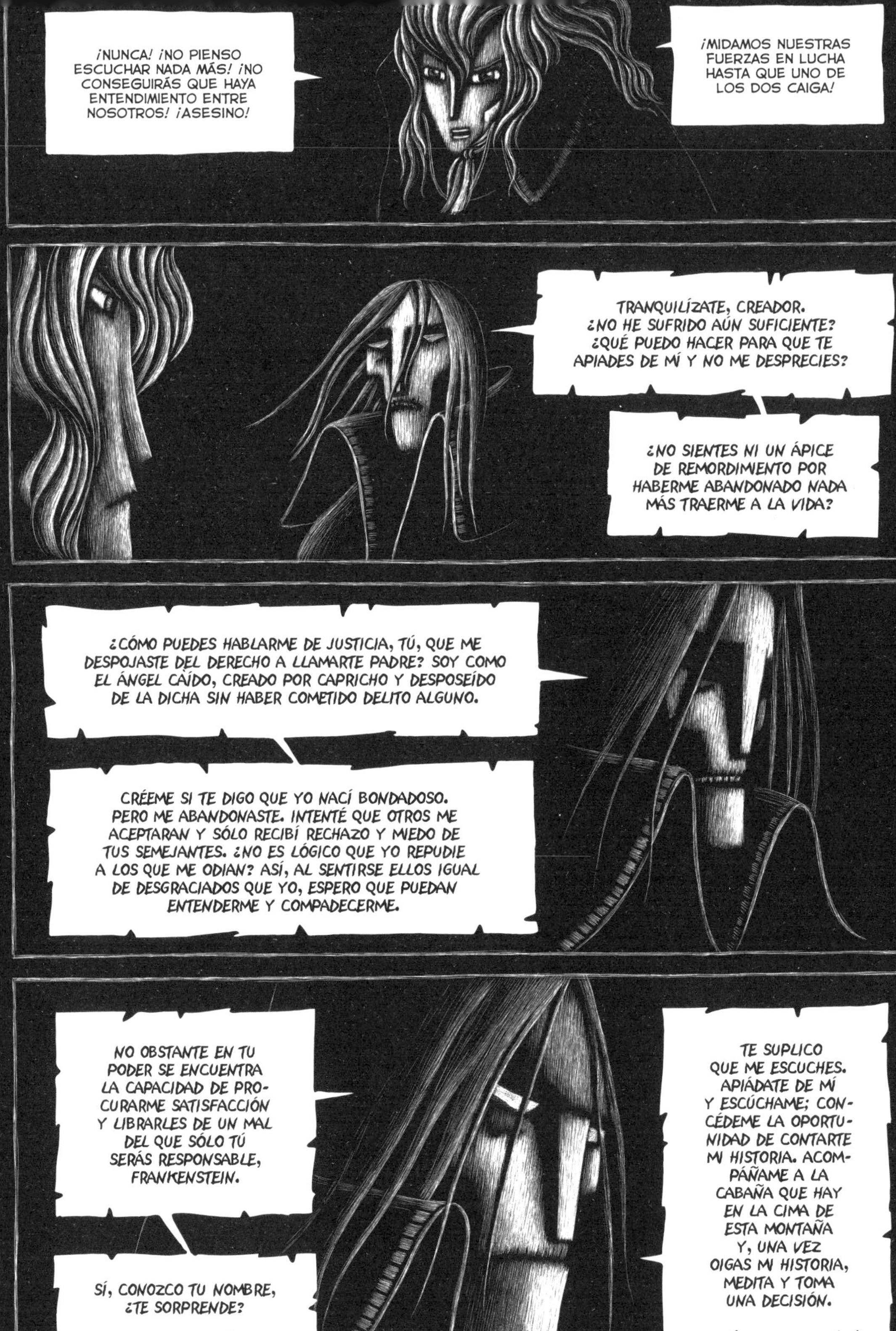
¡NUNCA! ¡NO PIENSO ESCUCHAR NADA MÁS! ¡NO CONSEGUIRÁS QUE HAYA ENTENDIMIENTO ENTRE NOSOTROS! ¡ASESINO!
¡MIDAMOS NUESTRAS FUERZAS EN LUCHA HASTA QUE UNO DE LOS DOS CAIGA!
TRANQUILÍZATE, CREADOR. ¿NO HE SUFRIDO AÚN SUFICIENTE? ¿QUÉ PUEDO HACER PARA QUE TE APIADES DE MÍ Y NO ME DESPRECIES?
¿NO SIENTES NI UN ÁPICE DE REMORDIMIENTO POR HABERME ABANDONADO NADA MÁS TRAERME A LA VIDA?
¿CÓMO PUEDES HABLARME DE JUSTICIA, TÚ, QUE ME DESPOJASTE DEL DERECHO A LLAMARTE PADRE? SOY COMO EL ÁNGEL CAÍDO, CREADO POR CAPRICHO Y DESPOSEÍDO DE LA DICHA SIN HABER COMETIDO DELITO ALGUNO.
CRÉEME SI TE DIGO QUE YO NACÍ BONDADOSO. PERO ME ABANDONASTE. INTENTÉ QUE OTROS ME ACEPTARAN Y SÓLO RECIBÍ RECHAZO Y MIEDO DE TUS SEMEJANTES. ¿NO ES LÓGICO QUE YO REPUDIE A LOS QUE ME ODIAN? ASÍ, AL SENTIRSE ELLOS IGUAL DE DESGRACIADOS QUE YO, ESPERO QUE PUEDAN ENTENDERME Y COMPADECERME.
NO OBSTANTE EN TU PODER SE ENCUENTRA LA CAPACIDAD DE PROCURARME SATISFACCIÓN Y LIBRARLES DE UN MAL DEL QUE SÓLO TÚ SERÁS RESPONSABLE, FRANKENSTEIN.
SÍ, CONOZCO TU NOMBRE, ¿TE SORPRENDE?
TE SUPLICO QUE ME ESCUCHES. APIÁDATE DE MÍ Y ESCÚCHAME; CONCÉDEME LA OPORTUNIDAD DE CONTARTE MI HISTORIA. ACOMPÁÑAME A LA CABAÑA QUE HAY EN LA CIMA DE ESTA MONTAÑA Y, UNA VEZ OIGAS MI HISTORIA, MEDITA Y TOMA UNA DECISIÓN.

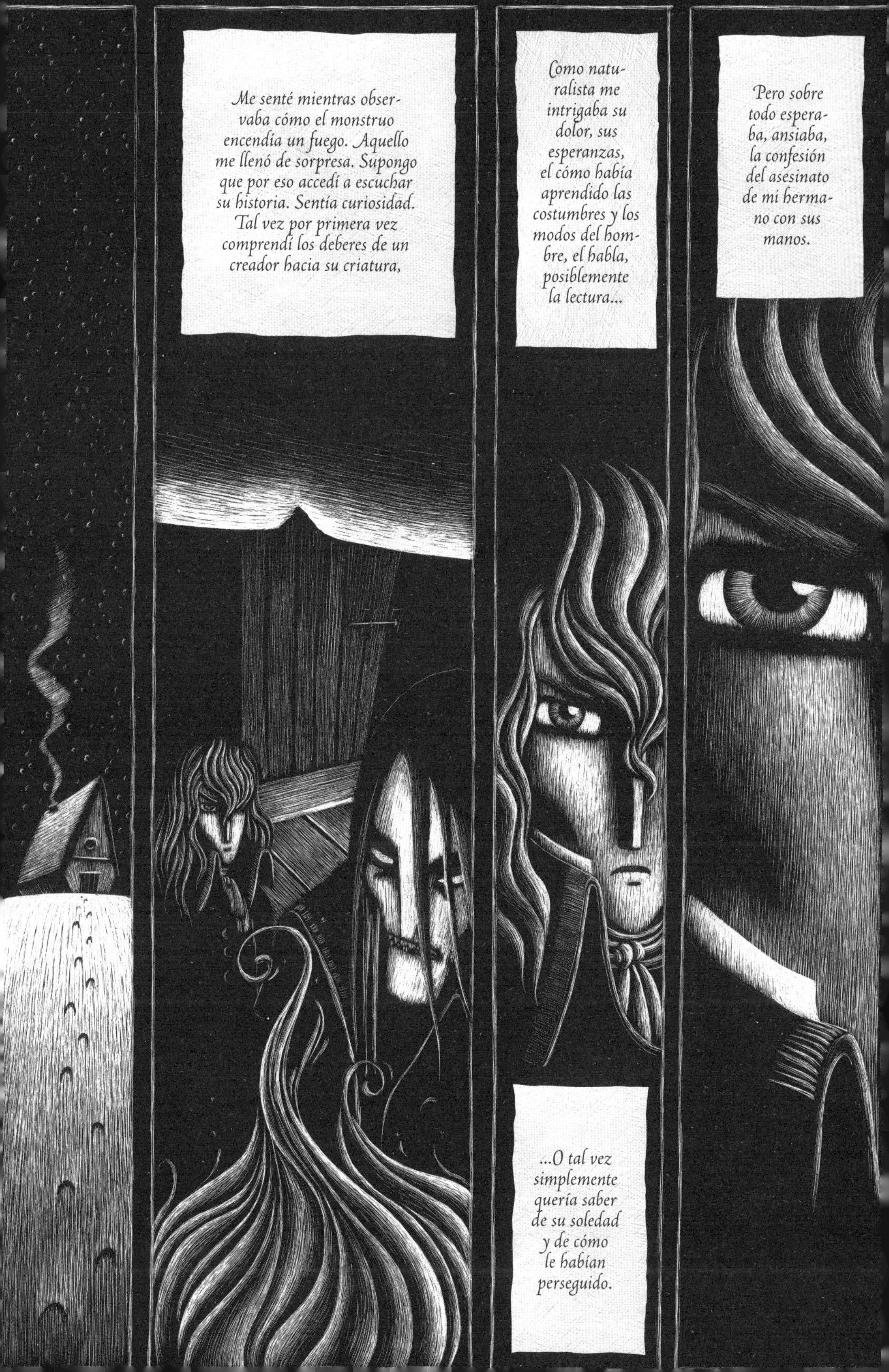

Me senté mientras observaba cómo el monstruo encendía un fuego. Aquello me llenó de sorpresa. Supongo que por eso accedí a escuchar su historia. Sentía curiosidad. Tal vez por primera vez comprendí los deberes de un creador hacia su criatura,
Como naturalista me intrigaba su dolor, sus esperanzas, el cómo había aprendido las costumbres y los modos del hombre, el habla, posiblemente la lectura...
...O tal vez simplemente quería saber de su soledad y de cómo le habían perseguido.
Pero sobre todo esperaba, ansiaba, la confesión del asesinato de mi hermano con sus manos.

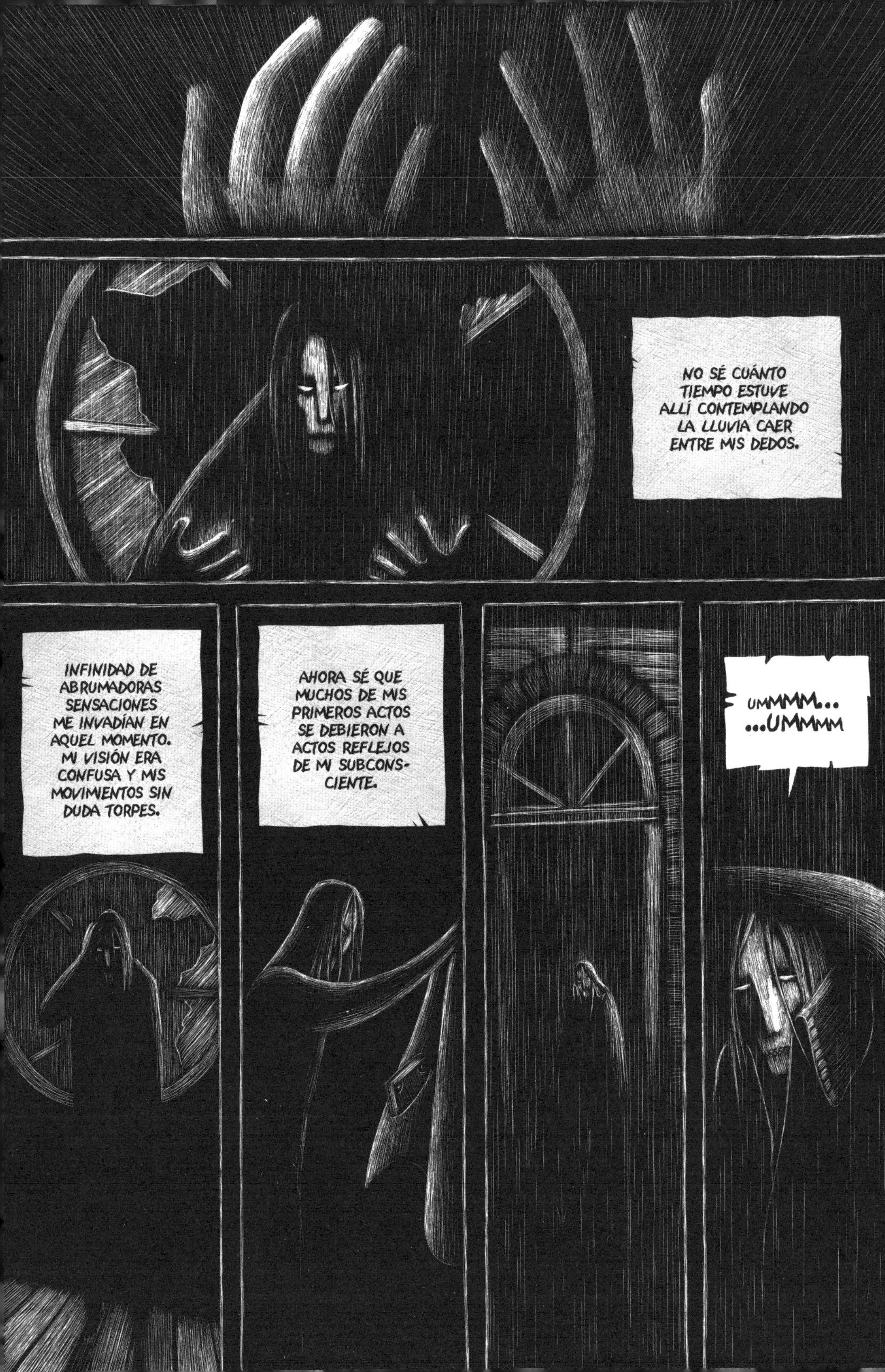
NO SÉ CUÁNTO TIEMPO ESTUVE ALLÍ CONTEMPLANDO LA LLUVIA CAER ENTRE MIS DEDOS.
INFINIDAD DE ABRUMADORAS SENSACIONES ME INVADÍAN EN AQUEL MOMENTO. MI VISIÓN ERA CONFUSA Y MIS MOVIMIENTOS SIN DUDA TORPES.
AHORA SÉ QUE MUCHOS DE MIS PRIMEROS ACTOS SE DEBIERON A ACTOS REFLEJOS DE MI SUBCONS-CIENTE.
UMMMM... ...UMMMM

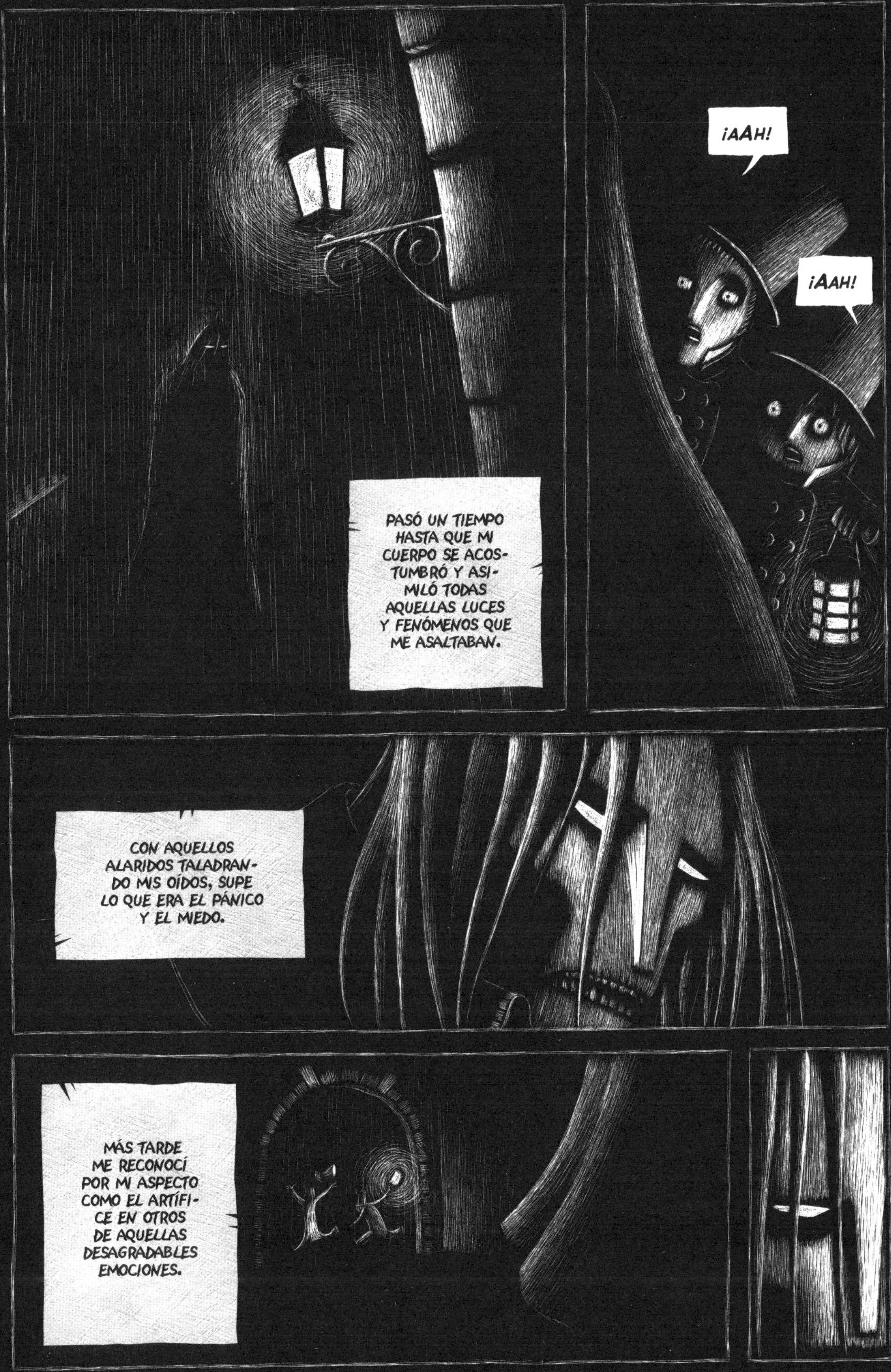
PASÓ UN TIEMPO HASTA QUE MI CUERPO SE ACOSTUMBRÓ Y ASIMILÓ TODAS AQUELLAS LUCES Y FENÓMENOS QUE ME ASALTABAN.
¡AAH!
¡AAH!
CON AQUELLOS ALARIDOS TALADRANDO MIS OÍDOS, SUPE LO QUE ERA EL PÁNICO Y EL MIEDO.
MÁS TARDE ME RECONOCÍ POR MI ASPECTO COMO EL ARTÍFICE EN OTROS DE AQUELLAS DESAGRADABLES EMOCIONES.

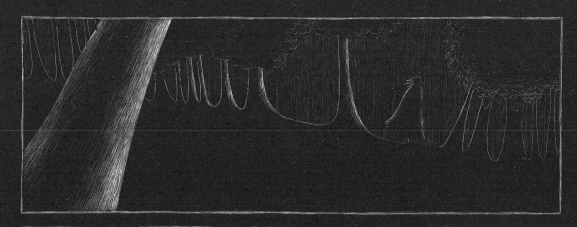

POCO A POCO ME FUI ACOSTUMBRANDO AL MUNDO QUE ME RODEABA, Y APRENDÍ A SOBRE-VIVIR OBSERVANDO A LAS PEQUEÑAS CRIATURAS DEL BOSQUE.

APRENDÍ, A MI PESAR, QUE DEBÍA ALEJARME DE LOS HOMBRES Y SUS POBLACIONES.

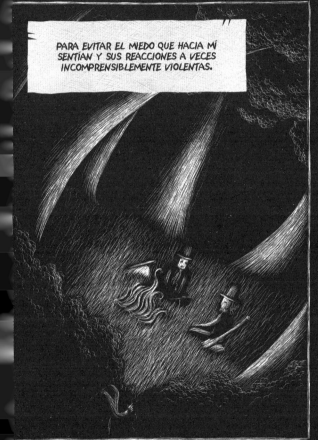

PARA EVITAR EL MIEDO QUE HACIA MÍ SENTÍAN Y SUS REACCIONES A VECES INCOMPRENSIBLEMENTE VIOLENTAS.

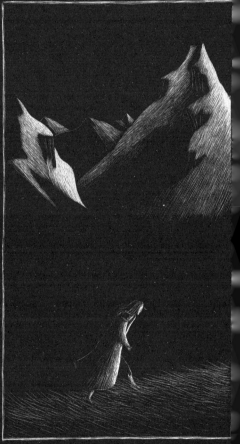

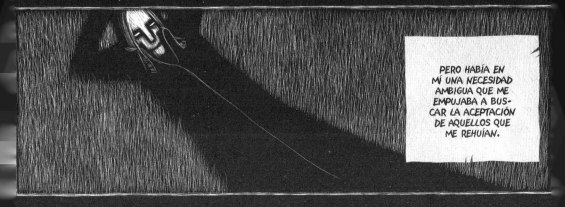

PERO HABÍA EN MÍ UNA NECESIDAD AMBIGUA QUE ME EMPUJABA A BUSCAR LA ACEPTACIÓN DE AQUELLOS QUE ME REHUÍAN.

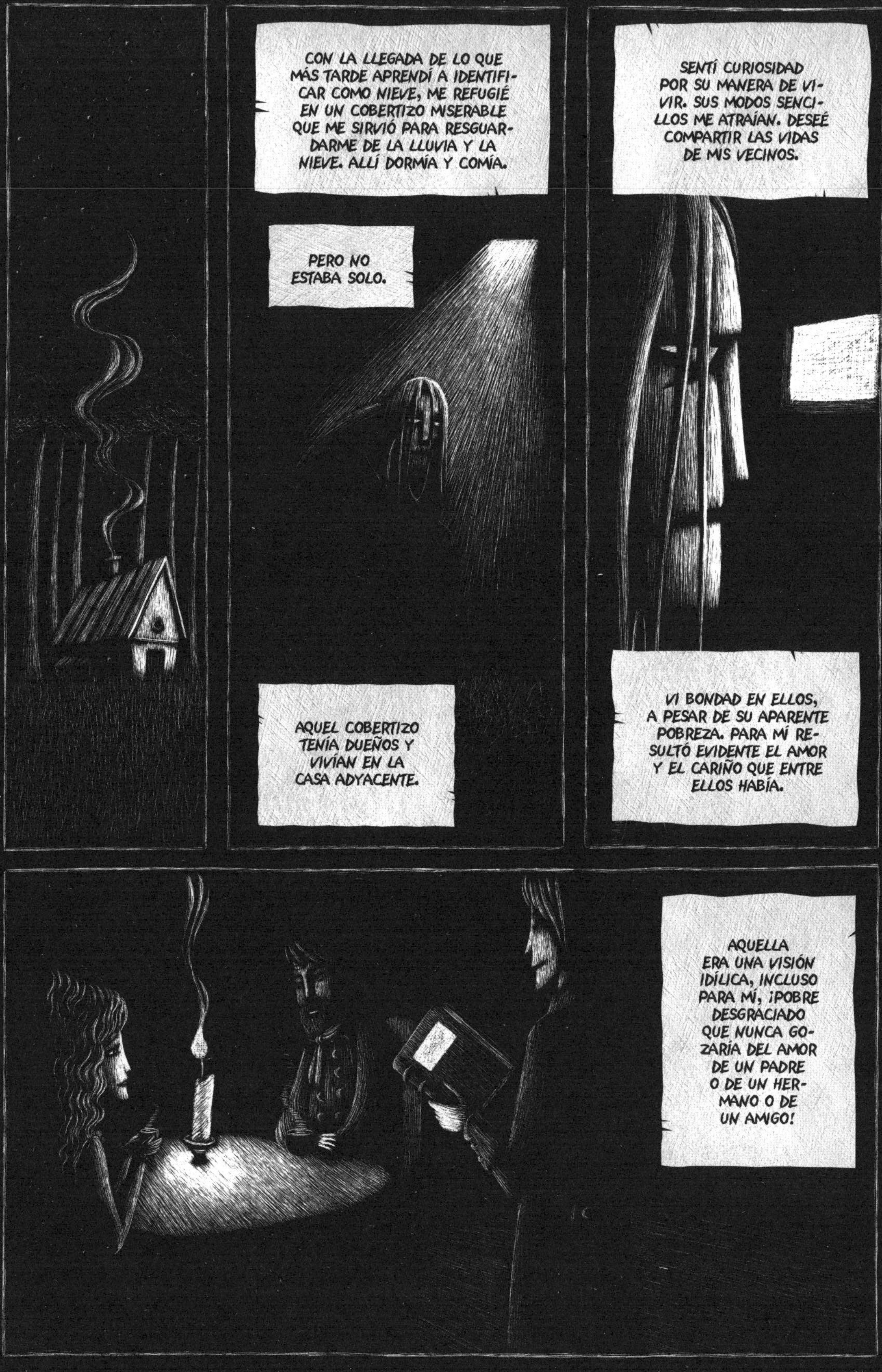
CON LA LLEGADA DE LO QUE MÁS TARDE APRENDÍ A IDENTIFICAR COMO NIEVE, ME REFUGIÉ EN UN COBERTIZO MISERABLE QUE ME SIRVIÓ PARA RESGUARDARME DE LA LLUVIA Y LA NIEVE. ALLÍ DORMÍA Y COMÍA.
PERO NO ESTABA SOLO.
AQUEL COBERTIZO TENÍA DUEÑOS Y VIVÍAN EN LA CASA ADYACENTE.
SENTÍ CURIOSIDAD POR SU MANERA DE VIVIR. SUS MODOS SENCILLOS ME ATRAÍAN. DESEÉ COMPARTIR LAS VIDAS DE MIS VECINOS.
VI BONDAD EN ELLOS, A PESAR DE SU APARENTE POBREZA. PARA MÍ RESULTÓ EVIDENTE EL AMOR Y EL CARIÑO QUE ENTRE ELLOS HABÍA.
AQUELLA ERA UNA VISIÓN IDÍLICA, INCLUSO PARA MÍ, ¡POBRE DESGRACIADO QUE NUNCA GOZARÍA DEL AMOR DE UN PADRE O DE UN HERMANO O DE UN AMIGO!

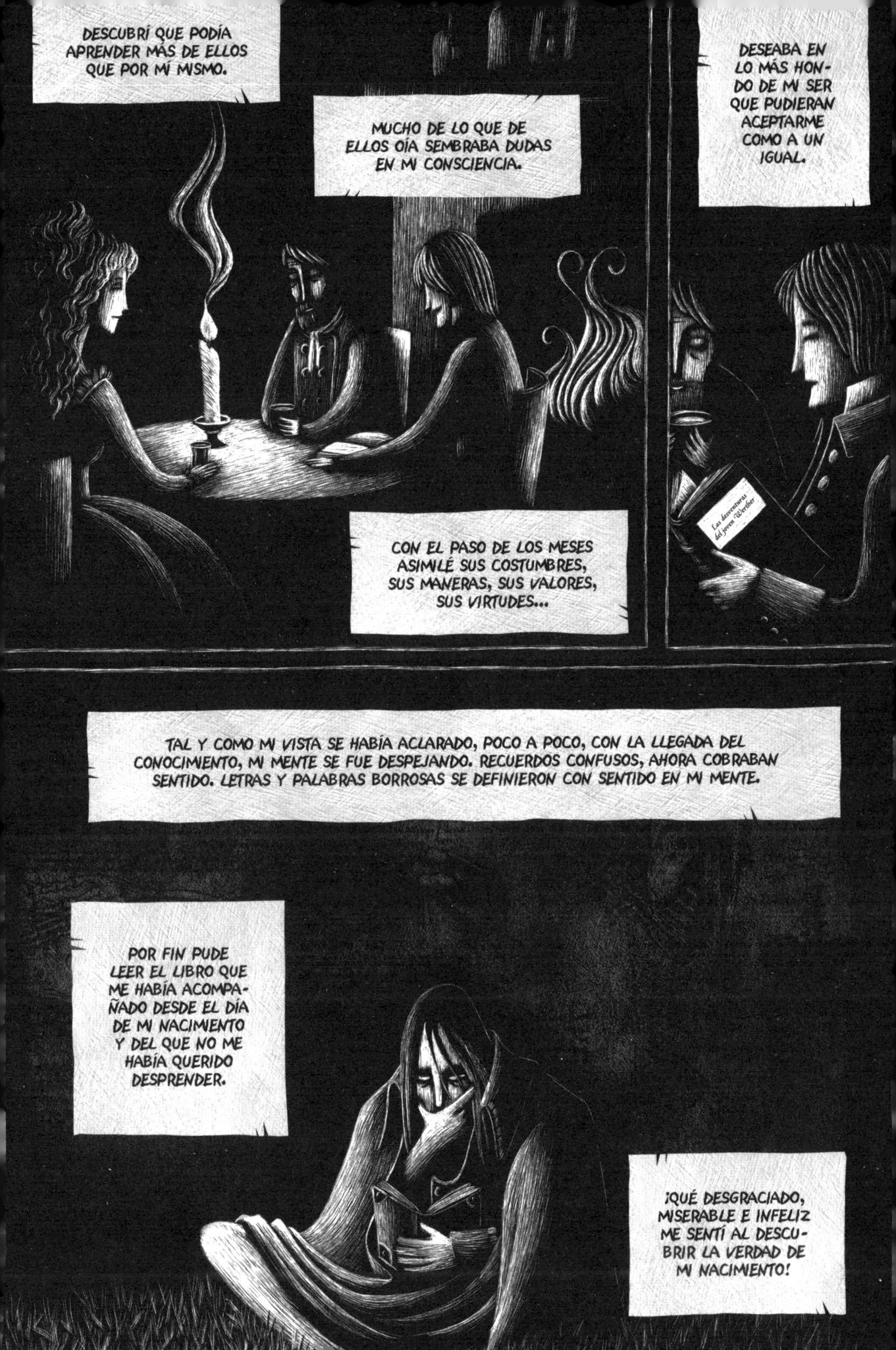
DESCUBRÍ QUE PODÍA APRENDER MÁS DE ELLOS QUE POR MÍ MISMO.
MUCHO DE LO QUE DE ELLOS OÍA SEMBRABA DUDAS EN MI CONSCIENCIA.
CON EL PASO DE LOS MESES ASIMILÉ SUS COSTUMBRES, SUS MANERAS, SUS VALORES, SUS VIRTUDES...
DESEABA EN LO MÁS HONDO DE MI SER QUE PUDIERAN ACEPTARME COMO A UN IGUAL.
Las desventuras del joven Werther
TAL Y COMO MI VISTA SE HABÍA ACLARADO, POCO A POCO, CON LA LLEGADA DEL CONOCIMIENTO, MI MENTE SE FUE DESPEJANDO. RECUERDOS CONFUSOS, AHORA COBRABAN SENTIDO. LETRAS Y PALABRAS BORROSAS SE DEFINIERON CON SENTIDO EN MI MENTE.
POR FIN PUDE LEER EL LIBRO QUE ME HABÍA ACOMPAÑADO DESDE EL DÍA DE MI NACIMIENTO Y DEL QUE NO ME HABÍA QUERIDO DESPRENDER.
¡QUÉ DESGRACIADO, MISERABLE E INFELIZ ME SENTÍ AL DESCUBRIR LA VERDAD DE MI NACIMIENTO!

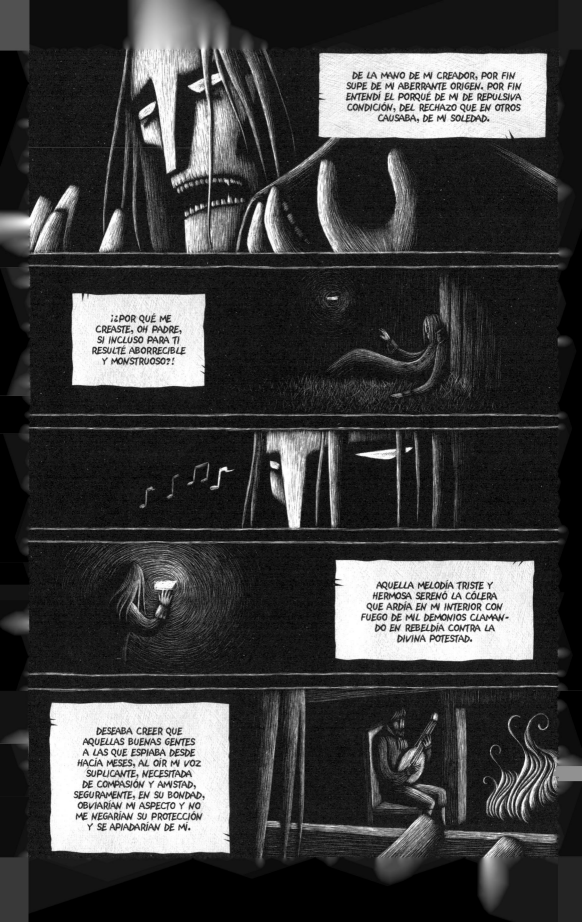

DE LA MANO DE MI CREADOR, POR FIN SUPE DE MI ABERRANTE ORIGEN. POR FIN ENTENDÍ EL PORQUÉ DE MI DE REPULSIVA CONDICIÓN, DEL RECHAZO QUE EN OTROS CAUSABA, DE MI SOLEDAD.

¡¿POR QUÉ ME CREASTE, OH PADRE, SI INCLUSO PARA TI RESULTÉ ABORRECIBLE Y MONSTRUOSO?!

AQUELLA MELODÍA TRISTE Y HERMOSA SERENÓ LA CÓLERA QUE ARDÍA EN MI INTERIOR CON FUEGO DE MIL DEMONIOS CLAMAN- DO EN REBELDÍA CONTRA LA DIVINA POTESTAD.

DESEABA CREER QUE AQUELLAS BUENAS GENTES A LAS QUE ESPIABA DESDE HACÍA MESES, AL OÍR MI VOZ SUPLICANTE, NECESITADA DE COMPASIÓN Y AMISTAD, SEGURAMENTE, EN SU BONDAD, OBVIARÍAN MI ASPECTO Y NO ME NEGARÍAN SU PROTECCIÓN Y SE APIADARÍAN DE MÍ.

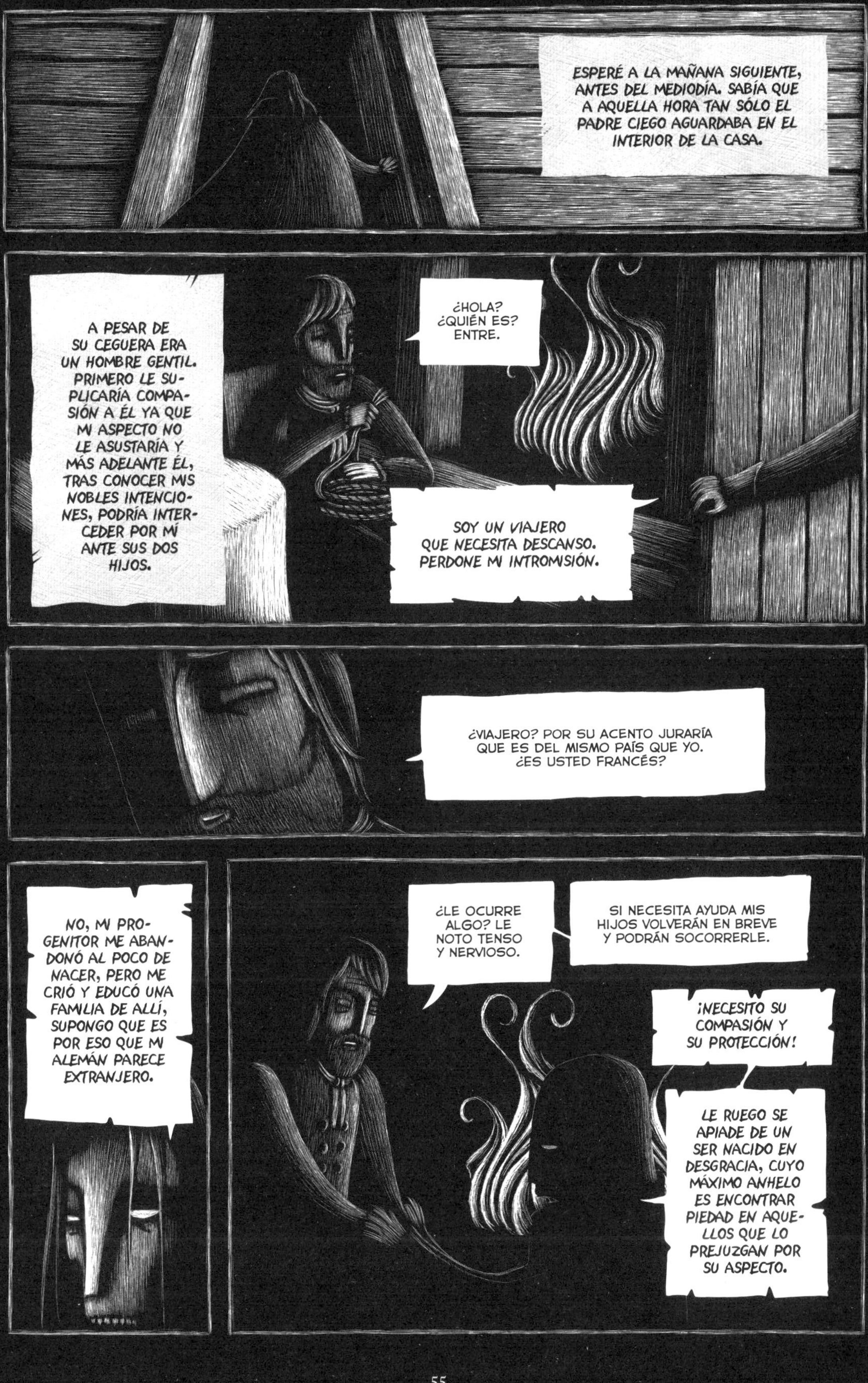
ESPERÉ A LA MAÑANA SIGUIENTE, ANTES DEL MEDIODÍA. SABÍA QUE A AQUELLA HORA TAN SÓLO EL PADRE CIEGO AGUARDABA EN EL INTERIOR DE LA CASA.
A PESAR DE SU CEGUERA ERA UN HOMBRE GENTIL. PRIMERO LE SUPLICARÍA COMPASIÓN A ÉL YA QUE MI ASPECTO NO LE ASUSTARÍA Y MÁS ADELANTE ÉL, TRAS CONOCER MIS NOBLES INTENCIONES, PODRÍA INTERCEDER POR MÍ ANTE SUS DOS HIJOS.
¿HOLA? ¿QUIÉN ES? ENTRE.
SOY UN VIAJERO QUE NECESITA DESCANSO. PERDONE MI INTROMISIÓN.
¿VIAJERO? POR SU ACENTO JURARÍA QUE ES DEL MISMO PAÍS QUE YO. ¿ES USTED FRANCÉS?
NO, MI PROGENITOR ME ABANDONÓ AL POCO DE NACER, PERO ME CRIÓ Y EDUCÓ UNA FAMILIA DE ALLÍ, SUPONGO QUE ES POR ESO QUE MI ALEMÁN PARECE EXTRANJERO.
¿LE OCURRE ALGO? LE NOTO TENSO Y NERVIOSO.
SI NECESITA AYUDA MIS HIJOS VOLVERÁN EN BREVE Y PODRÁN SOCORRERLE.
¡NECESITO SU COMPASIÓN Y SU PROTECCIÓN!
LE RUEGO SE APIADE DE UN SER NACIDO EN DESGRACIA, CUYO MÁXIMO ANHELO ES ENCONTRAR PIEDAD EN AQUELLOS QUE LO PREJUZGAN POR SU ASPECTO.

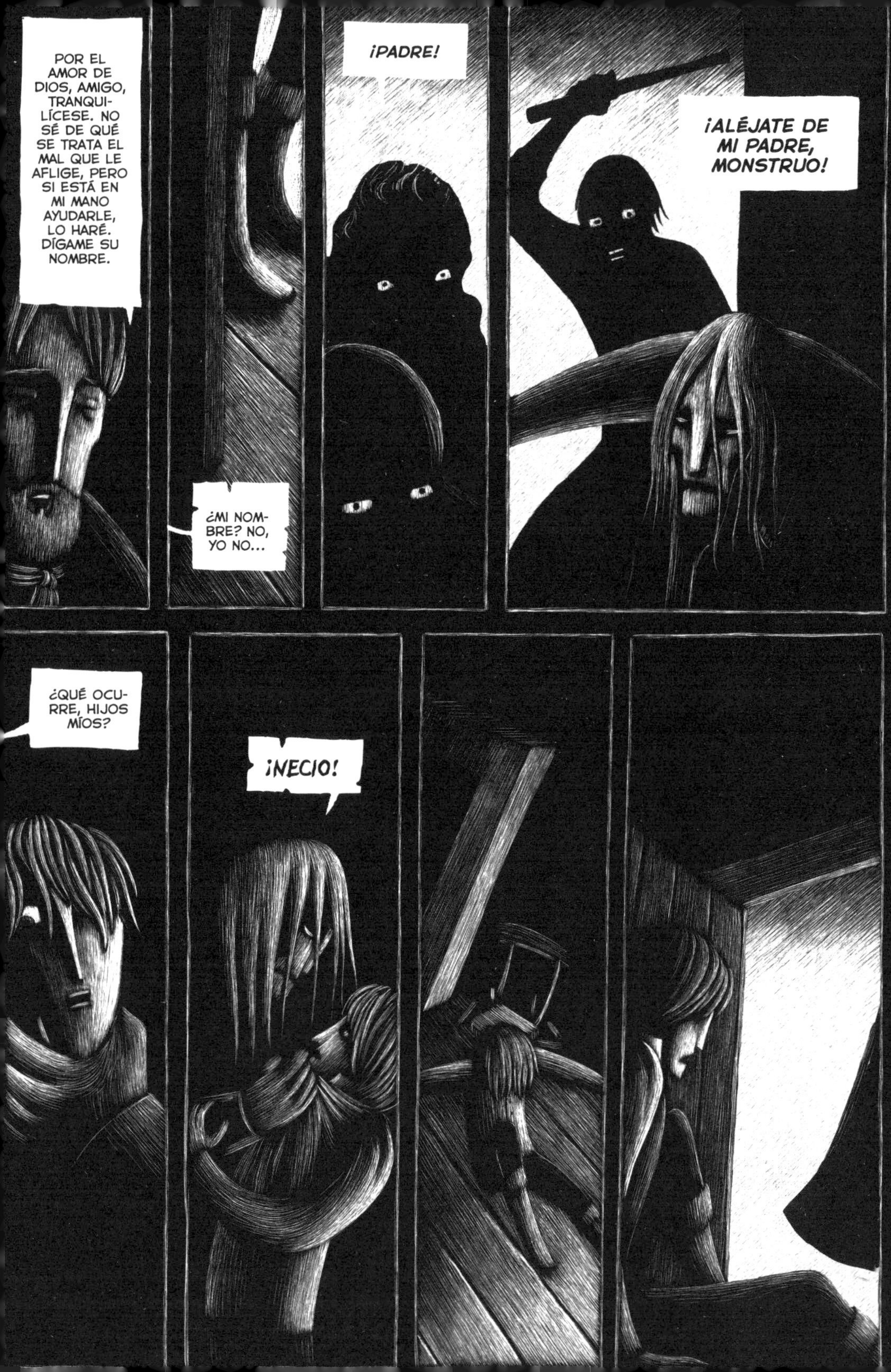
POR EL AMOR DE DIOS, AMIGO, TRANQUILÍCESE. NO SÉ DE QUÉ SE TRATA EL MAL QUE LE AFLIGE, PERO SI ESTÁ EN MI MANO AYUDARLE, LO HARÉ. DÍGAME SU NOMBRE.
¿MI NOMBRE? NO, YO NO...
¡PADRE!
¡ALÉJATE DE MI PADRE, MONSTRUO!
¿QUÉ OCURRE, HIJOS MÍOS?
¡NECIO!

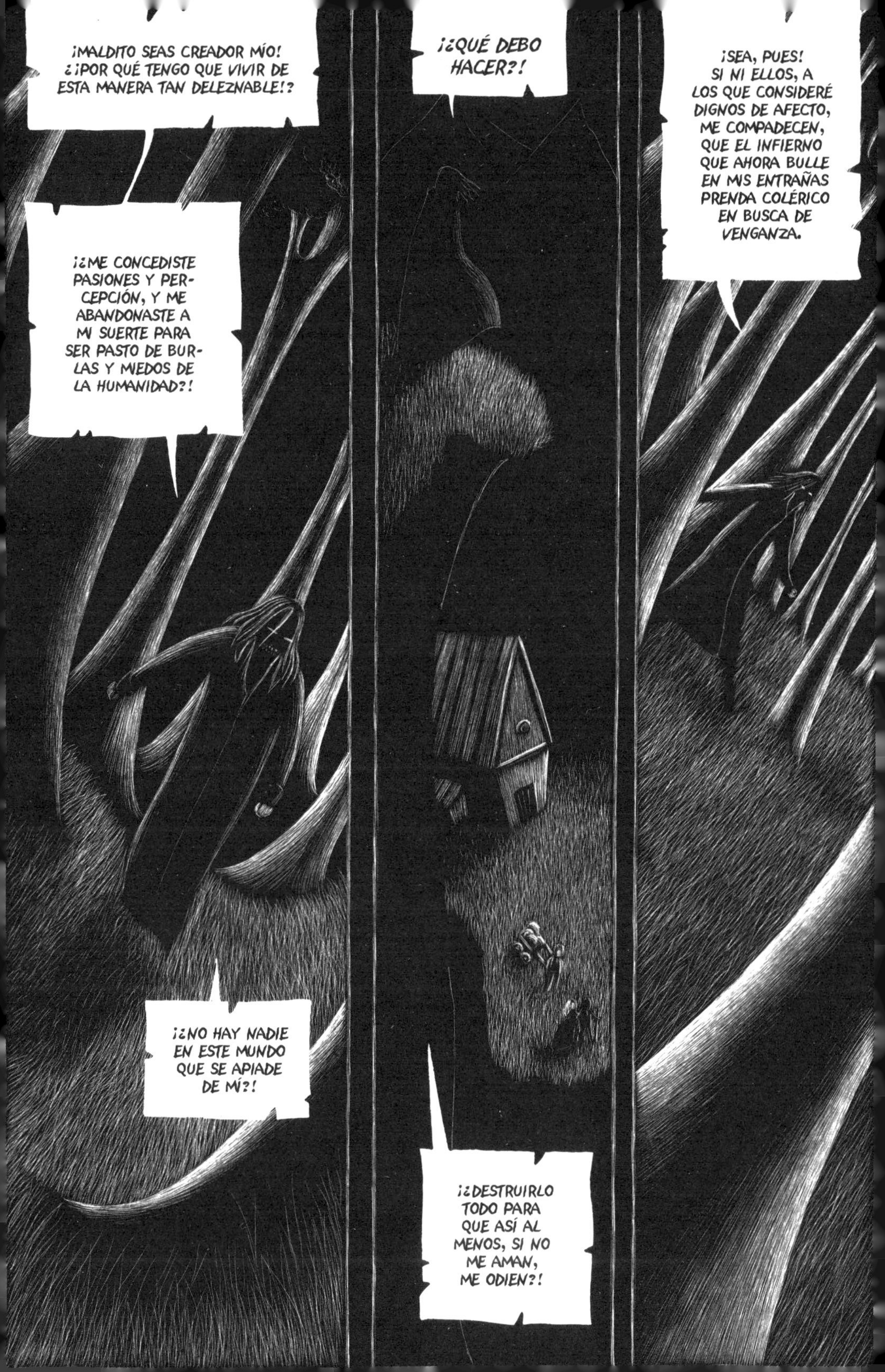
¡MALDITO SEAS CREADOR MÍO! ¿¡POR QUÉ TENGO QUE VIVIR DE ESTA MANERA TAN DELEZNABLE!?
¡¿ME CONCEDISTE PASIONES Y PERCEPCIÓN, Y ME ABANDONASTE A MI SUERTE PARA SER PASTO DE BURLAS Y MIEDOS DE LA HUMANIDAD?!
¡¿NO HAY NADIE EN ESTE MUNDO QUE SE APIADE DE MÍ?!
¡¿QUÉ DEBO HACER?!
¡¿DESTRUIRLO TODO PARA QUE ASÍ AL MENOS, SI NO ME AMAN, ME ODIEN?!
¡SEA, PUES! SI NI ELLOS, A LOS QUE CONSIDERÉ DIGNOS DE AFECTO, ME COMPADECEN, QUE EL INFIERNO QUE AHORA BULLE EN MIS ENTRAÑAS PRENDA COLÉRICO EN BUSCA DE VENGANZA.

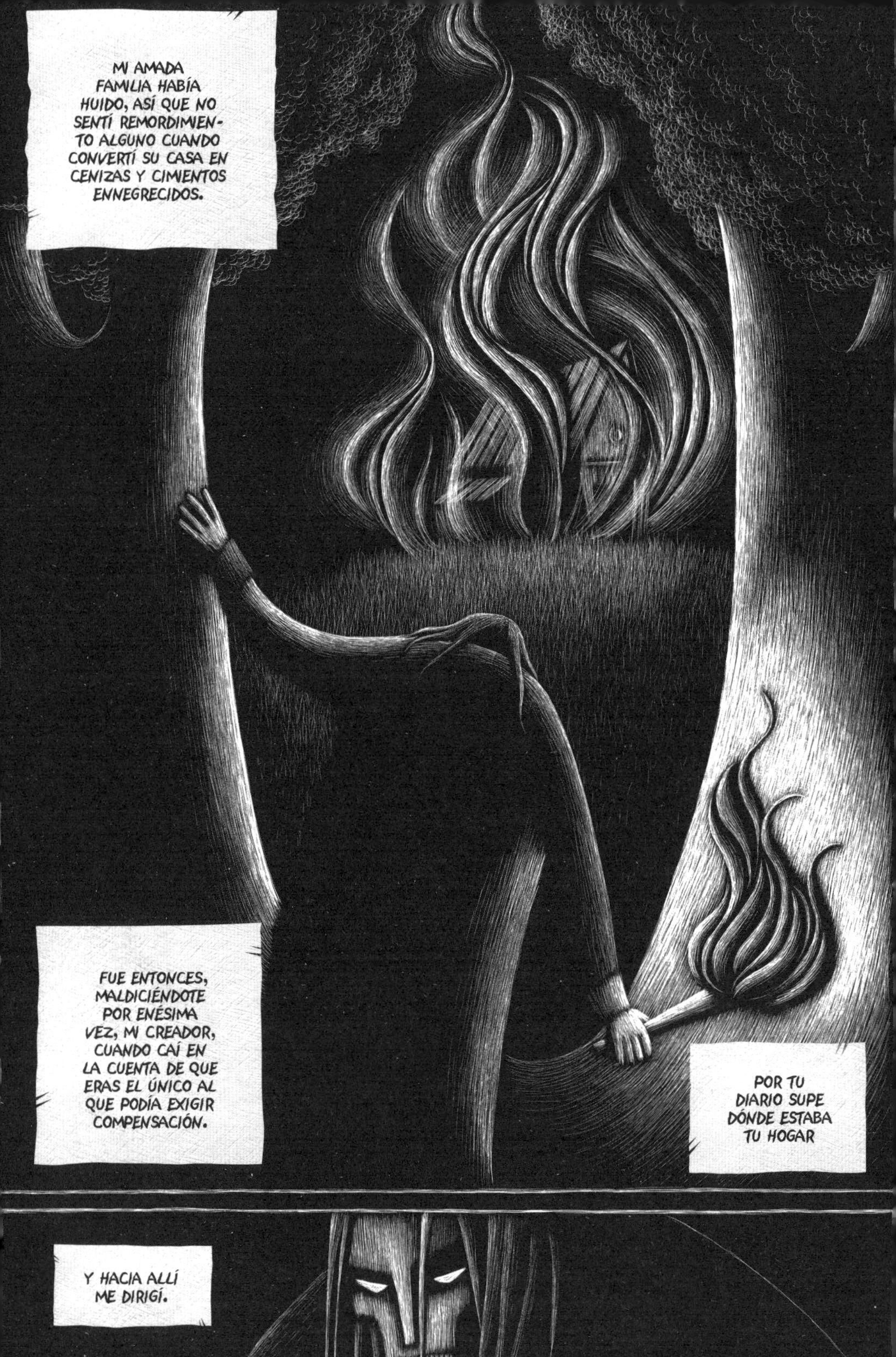
MI AMADA FAMILIA HABÍA HUIDO, ASÍ QUE NO SENTÍ REMORDIMIENTO ALGUNO CUANDO CONVERTÍ SU CASA EN CENIZAS Y CIMIENTOS ENNEGRECIDOS.
FUE ENTONCES, MALDICIÉNDOTE POR ENÉSIMA VEZ, MI CREADOR, CUANDO CAÍ EN LA CUENTA DE QUE ERAS EL ÚNICO AL QUE PODÍA EXIGIR COMPENSACIÓN.
POR TU DIARIO SUPE DÓNDE ESTABA TU HOGAR
Y HACIA ALLÍ ME DIRIGÍ.

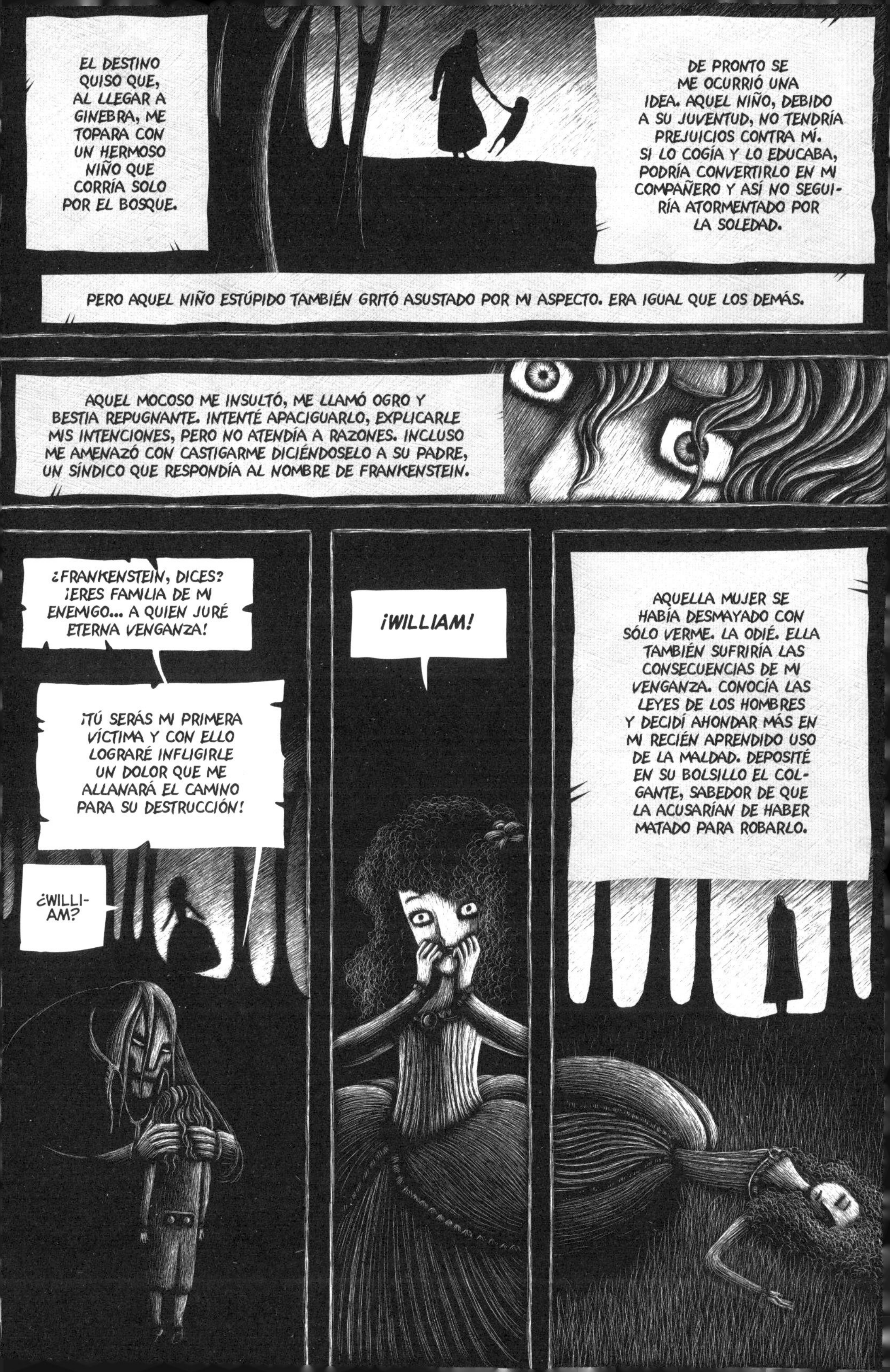
EL DESTINO QUISO QUE, AL LLEGAR A GINEBRA, ME TOPARA CON UN HERMOSO NIÑO QUE CORRÍA SOLO POR EL BOSQUE.
DE PRONTO SE ME OCURRIÓ UNA IDEA. AQUEL NIÑO, DEBIDO A SU JUVENTUD, NO TENDRÍA PREJUICIOS CONTRA MÍ. SI LO COGÍA Y LO EDUCABA, PODRÍA CONVERTIRLO EN MI COMPAÑERO Y ASÍ NO SEGUIRÍA ATORMENTADO POR LA SOLEDAD.
PERO AQUEL NIÑO ESTÚPIDO TAMBIÉN GRITÓ ASUSTADO POR MI ASPECTO. ERA IGUAL QUE LOS DEMÁS.
AQUEL MOCOSO ME INSULTÓ, ME LLAMÓ OGRO Y BESTIA REPUGNANTE. INTENTÉ APACIGUARLO, EXPLICARLE MIS INTENCIONES, PERO NO ATENDÍA A RAZONES. INCLUSO ME AMENAZÓ CON CASTIGARME DICIÉNDOSELO A SU PADRE, UN SÍNDICO QUE RESPONDÍA AL NOMBRE DE FRANKENSTEIN.
¿FRANKENSTEIN, DICES? ¡ERES FAMILIA DE MI ENEMIGO... A QUIEN JURÉ ETERNA VENGANZA!
¡TÚ SERÁS MI PRIMERA VÍCTIMA Y CON ELLO LOGRARÉ INFLIGIRLE UN DOLOR QUE ME ALLANARÁ EL CAMINO PARA SU DESTRUCCIÓN!
¿WILLIAM?
¡WILLIAM!
AQUELLA MUJER SE HABÍA DESMAYADO CON SÓLO VERME. LA ODIÉ. ELLA TAMBIÉN SUFRIRÍA LAS CONSECUENCIAS DE MI VENGANZA. CONOCÍA LAS LEYES DE LOS HOMBRES Y DECIDÍ AHONDAR MÁS EN MI RECIÉN APRENDIDO USO DE LA MALDAD. DEPOSITÉ EN SU BOLSILLO EL COLGANTE, SABEDOR DE QUE LA ACUSARÍAN DE HABER MATADO PARA ROBARLO.

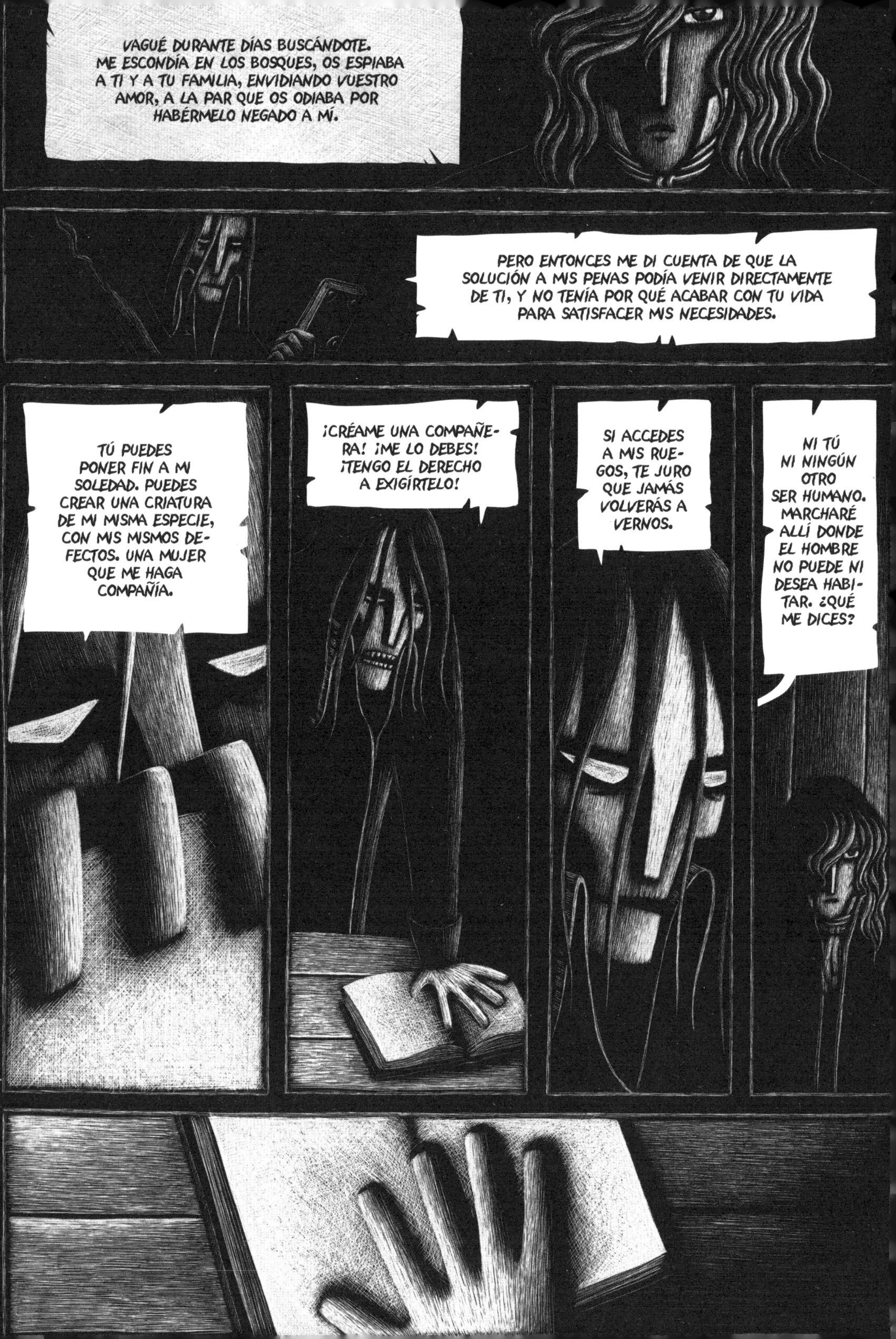
VAGUÉ DURANTE DÍAS BUSCÁNDOTE. ME ESCONDÍA EN LOS BOSQUES, OS ESPIABA A TI Y A TU FAMILIA, ENVIDIANDO VUESTRO AMOR, A LA PAR QUE OS ODIABA POR HABÉRMELO NEGADO A MÍ.
PERO ENTONCES ME DI CUENTA DE QUE LA SOLUCIÓN A MIS PENAS PODÍA VENIR DIRECTAMENTE DE TI, Y NO TENÍA POR QUÉ ACABAR CON TU VIDA PARA SATISFACER MIS NECESIDADES.
TÚ PUEDES PONER FIN A MI SOLEDAD. PUEDES CREAR UNA CRIATURA DE MI MISMA ESPECIE, CON MIS MISMOS DEFECTOS. UNA MUJER QUE ME HAGA COMPAÑÍA.
¡CRÉAME UNA COMPAÑERA! ¡ME LO DEBES! ¡TENGO EL DERECHO A EXIGÍRTELO!
SI ACCEDES A MIS RUEGOS, TE JURO QUE JAMÁS VOLVERÁS A VERNOS.
NI TÚ NI NINGÚN OTRO SER HUMANO. MARCHARÉ ALLÍ DONDE EL HOMBRE NO PUEDE NI DESEA HABITAR. ¿QUÉ ME DICES?

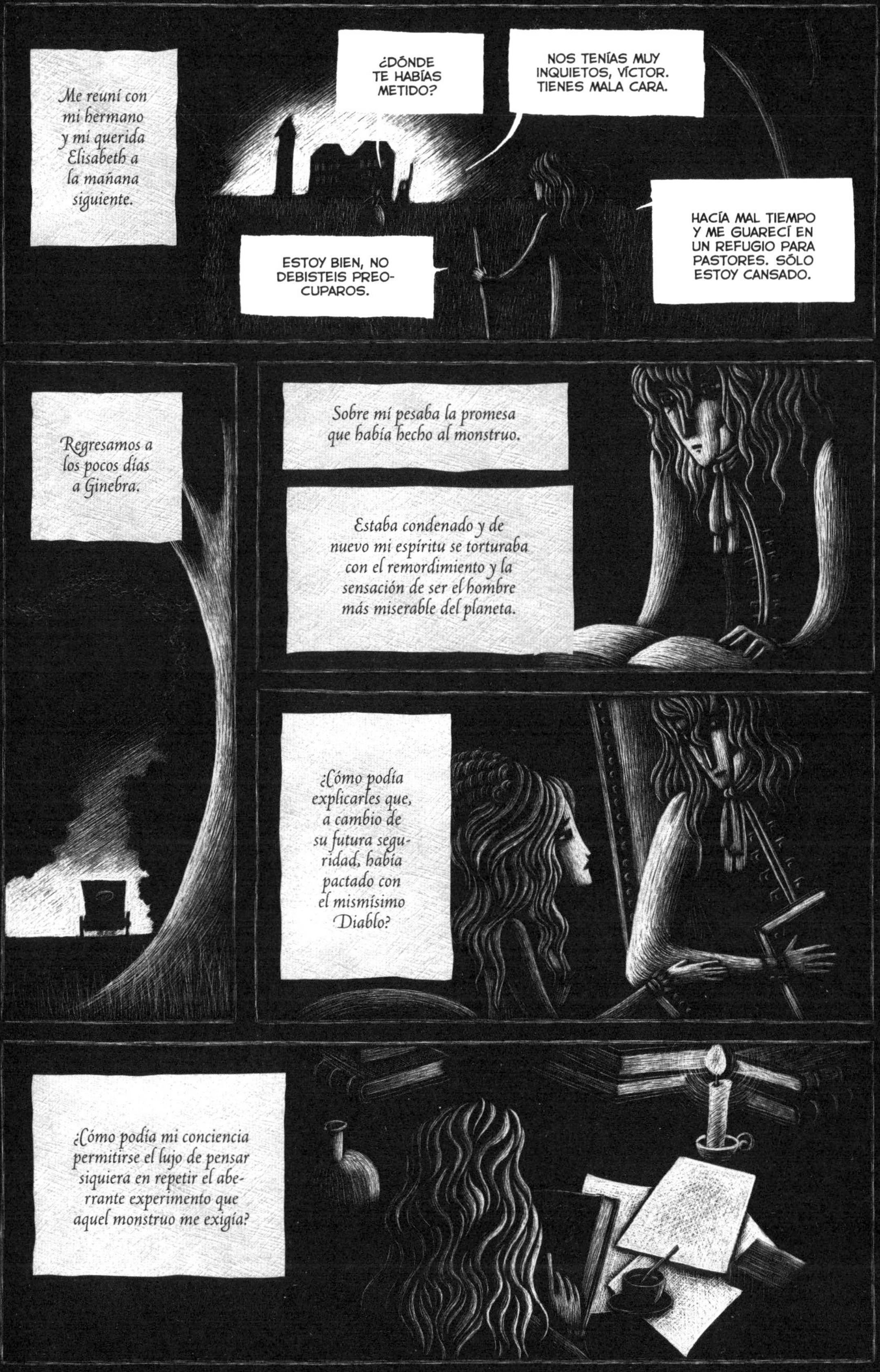
Me reuní con mi hermano y mi querida Elisabeth a la mañana siguiente.
¿DÓNDE TE HABÍAS METIDO?
NOS TENÍAS MUY INQUIETOS, VÍCTOR. TIENES MALA CARA.
ESTOY BIEN, NO DEBISTEIS PREOCUPAROS.
HACÍA MAL TIEMPO Y ME GUARECÍ EN UN REFUGIO PARA PASTORES. SÓLO ESTOY CANSADO.
Regresamos a los pocos días a Ginebra.
Sobre mí pesaba la promesa que había hecho al monstruo.
Estaba condenado y de nuevo mi espíritu se torturaba con el remordimiento y la sensación de ser el hombre más miserable del planeta.
¿Cómo podía explicarles que, a cambio de su futura seguridad, había pactado con el mismísimo Diablo?
¿Cómo podía mi conciencia permitirse el lujo de pensar siquiera en repetir el aberrante experimento que aquel monstruo me exigía?

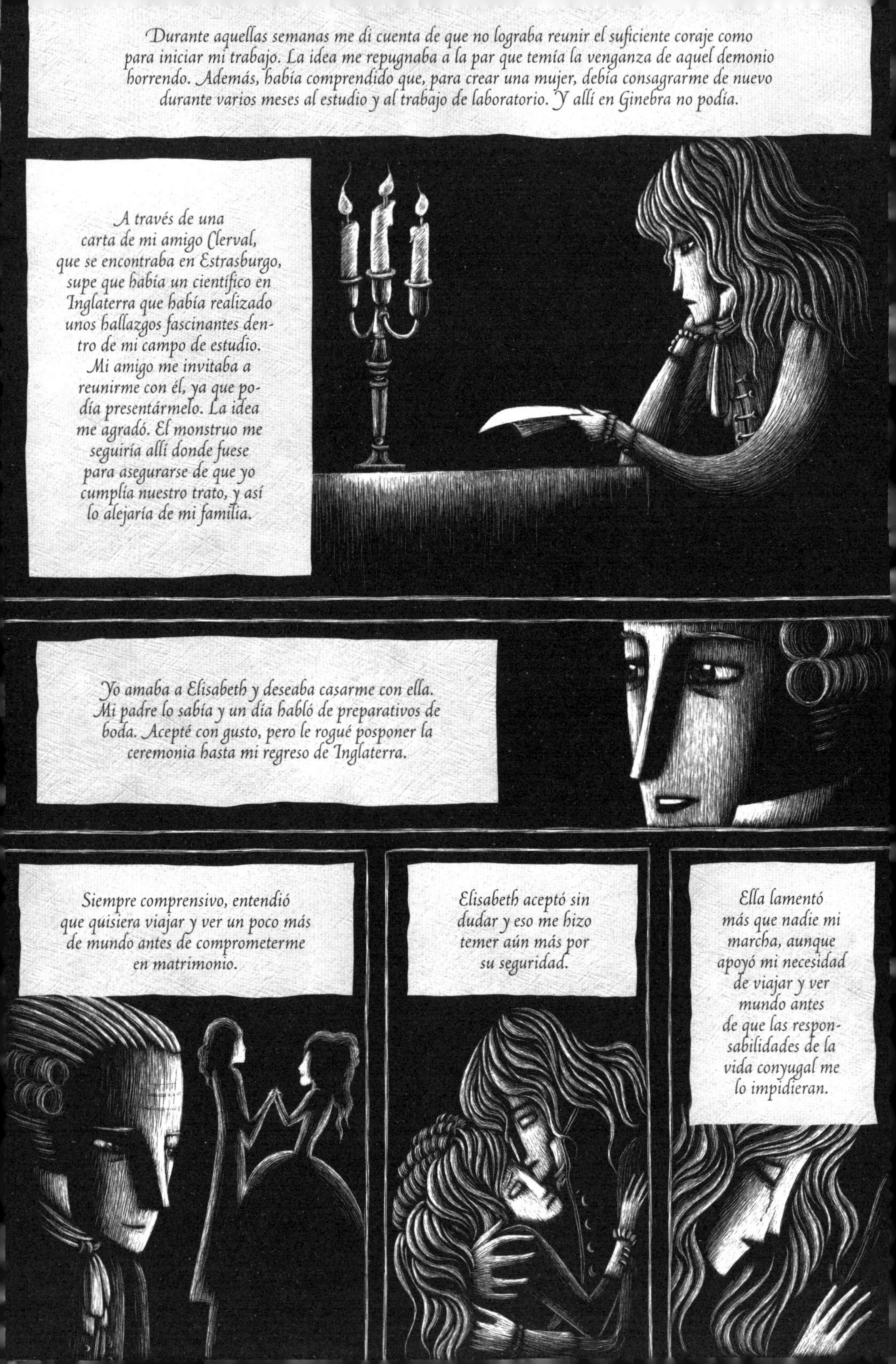
Durante aquellas semanas me di cuenta de que no lograba reunir el suficiente coraje como para iniciar mi trabajo. La idea me repugnaba a la par que temía la venganza de aquel demonio horrendo. Además, había comprendido que, para crear una mujer, debía consagrarme de nuevo durante varios meses al estudio y al trabajo de laboratorio. Y allí en Ginebra no podía.
A través de una carta de mi amigo Clerval, que se encontraba en Estrasburgo, supe que había un científico en Inglaterra que había realizado unos hallazgos fascinantes dentro de mi campo de estudio. Mi amigo me invitaba a reunirme con él, ya que podía presentármelo. La idea me agradó. El monstruo me seguiría allí donde fuese para asegurarse de que yo cumplía nuestro trato, y así lo alejaría de mi familia.
Yo amaba a Elisabeth y deseaba casarme con ella. Mi padre lo sabía y un día habló de preparativos de boda. Acepté con gusto, pero le rogué posponer la ceremonia hasta mi regreso de Inglaterra.
Siempre comprensivo, entendió que quisiera viajar y ver un poco más de mundo antes de comprometerme en matrimonio.
Elisabeth aceptó sin dudar y eso me hizo temer aún más por su seguridad.
Ella lamentó más que nadie mi marcha, aunque apoyó mi necesidad de viajar y ver mundo antes de que las responsabilidades de la vida conyugal me lo impidieran.

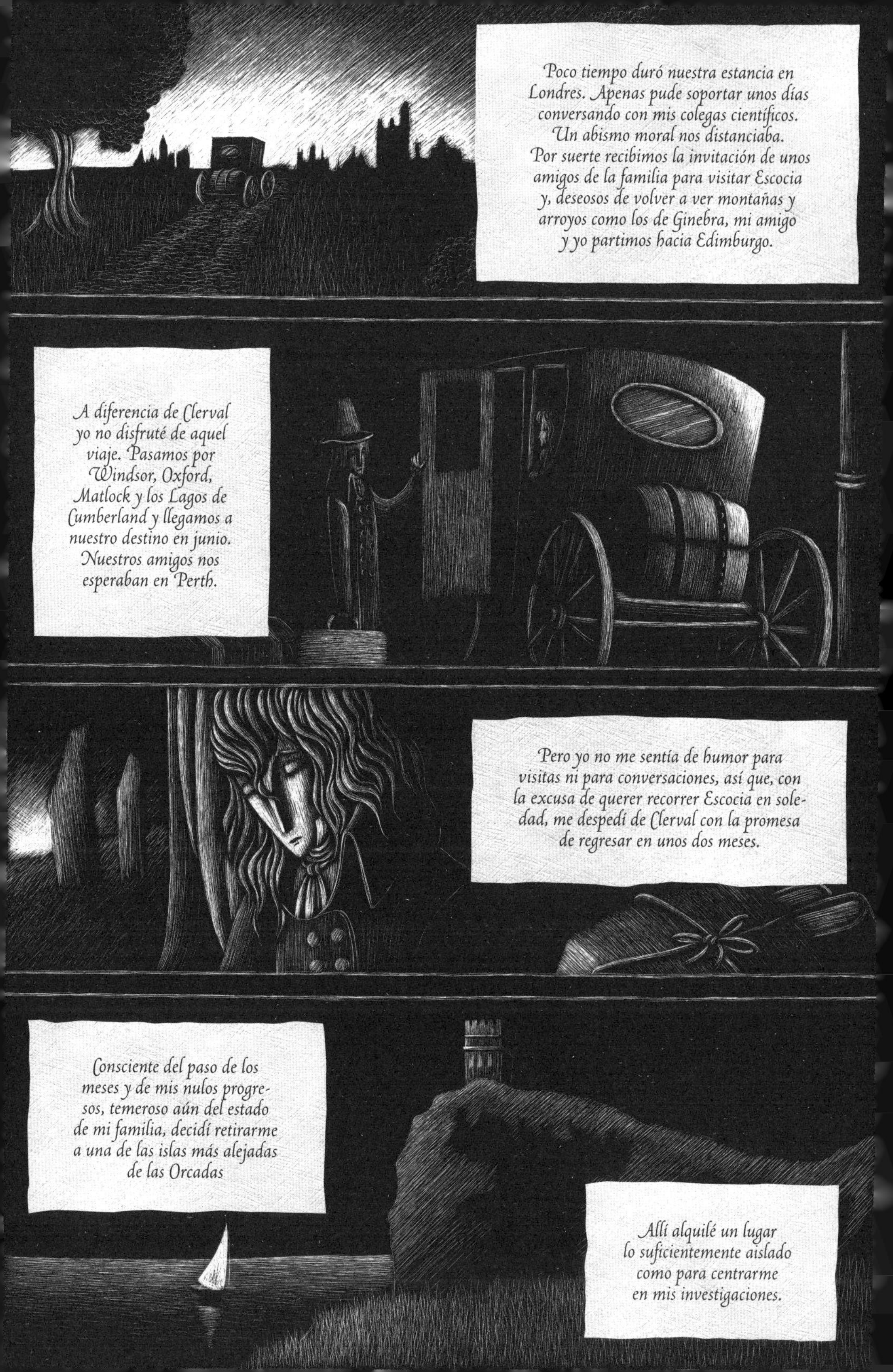
Poco tiempo duró nuestra estancia en Londres. Apenas pude soportar unos días conversando con mis colegas científicos. Un abismo moral nos distanciaba. Por suerte recibimos la invitación de unos amigos de la familia para visitar Escocia y, deseosos de volver a ver montañas y arroyos como los de Ginebra, mi amigo y yo partimos hacia Edimburgo.
A diferencia de Clerval yo no disfruté de aquel viaje. Pasamos por Windsor, Oxford, Matlock y los Lagos de Cumberland y llegamos a nuestro destino en junio. Nuestros amigos nos esperaban en Perth.
Pero yo no me sentía de humor para visitas ni para conversaciones, así que, con la excusa de querer recorrer Escocia en soledad, me despedí de Clerval con la promesa de regresar en unos dos meses.
Consciente del paso de los meses y de mis nulos progresos, temeroso aún del estado de mi familia, decidí retirarme a una de las islas más alejadas de las Orcadas
Allí alquilé un lugar lo suficientemente aislado como para centrarme en mis investigaciones.

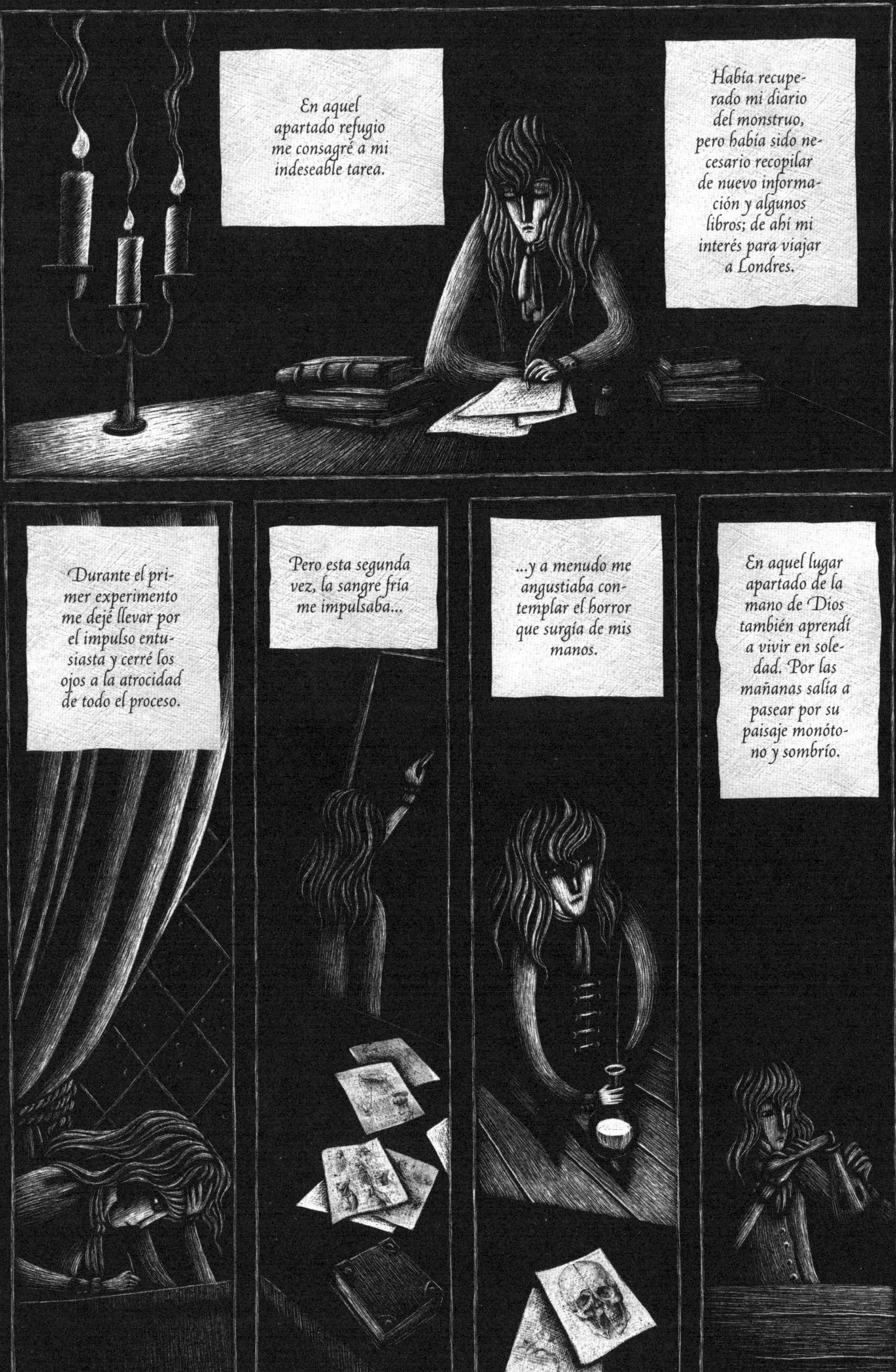
En aquel apartado refugio me consagré a mi indeseable tarea.
Había recuperado mi diario del monstruo, pero había sido necesario recopilar de nuevo información y algunos libros; de ahí mi interés para viajar a Londres.
Durante el primer experimento me dejé llevar por el impulso entusiasta y cerré los ojos a la atrocidad de todo el proceso.
Pero esta segunda vez, la sangre fría me impulsaba...
...y a menudo me angustiaba contemplar el horror que surgía de mis manos.
En aquel lugar apartado de la mano de Dios también aprendí a vivir en soledad. Por las mañanas salía a pasear por su paisaje monótono y sombrío.

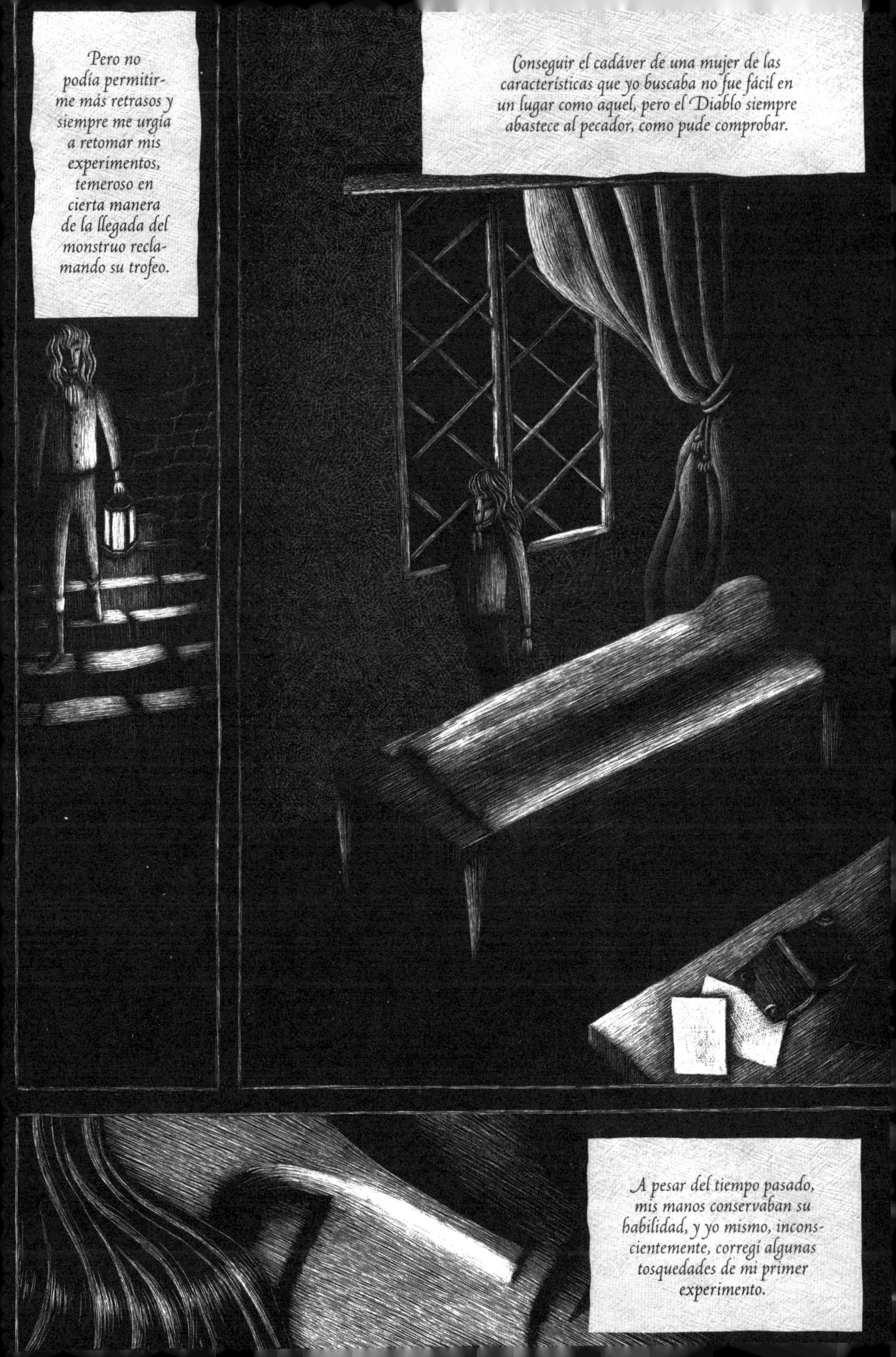
Pero no podía permitirme más retrasos y siempre me urgía a retomar mis experimentos, temeroso en cierta manera de la llegada del monstruo reclamando su trofeo.
Conseguir el cadáver de una mujer de las características que yo buscaba no fue fácil en un lugar como aquel, pero el Diablo siempre abastece al pecador, como pude comprobar.
A pesar del tiempo pasado, mis manos conservaban su habilidad, y yo mismo, inconscientemente, corregí algunas tosquedades de mi primer experimento.

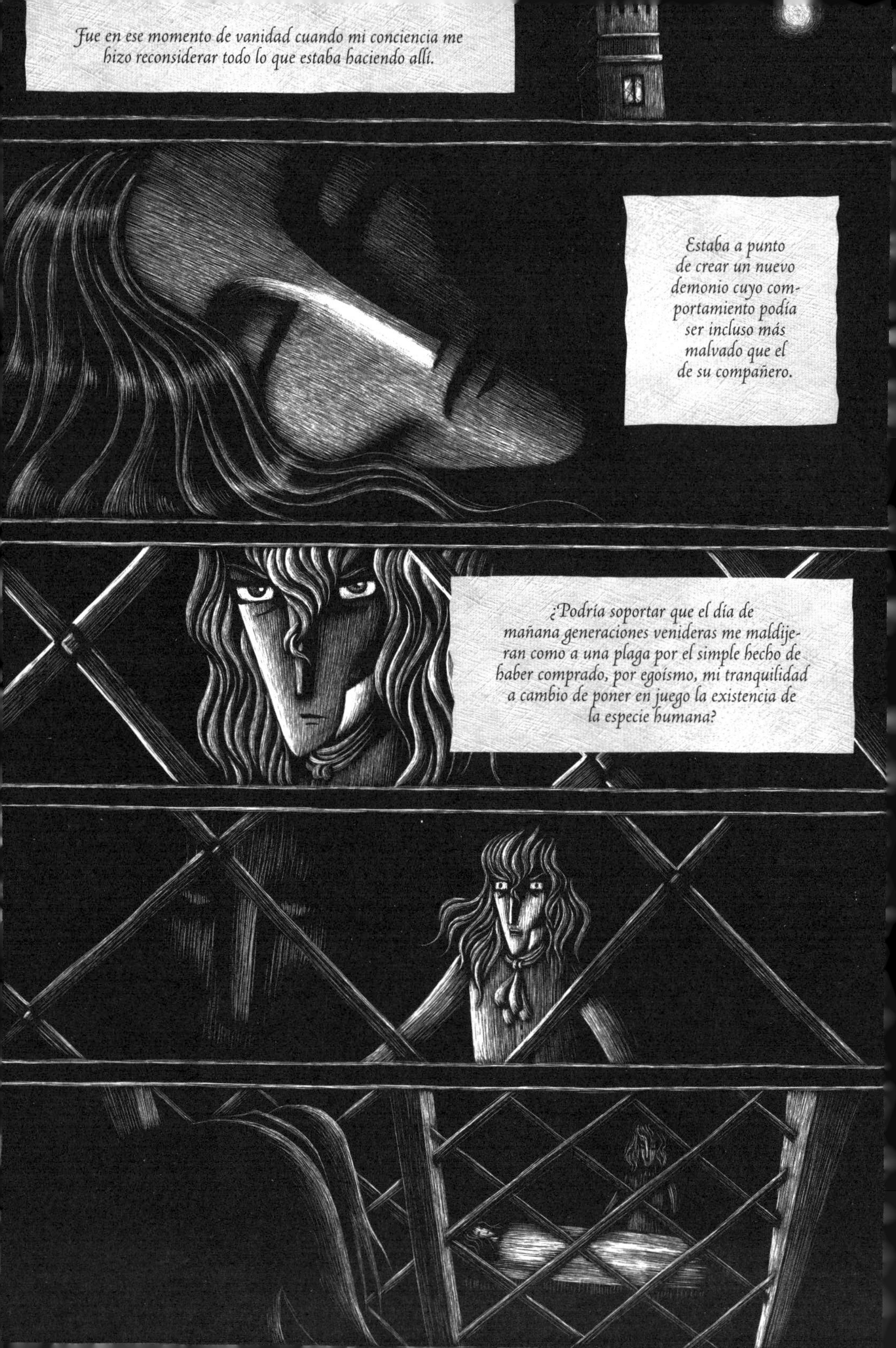
Fue en ese momento de vanidad cuando mi conciencia me hizo reconsiderar todo lo que estaba haciendo allí.
Estaba a punto de crear un nuevo demonio cuyo comportamiento podía ser incluso más malvado que el de su compañero.
¿Podría soportar que el día de mañana generaciones venideras me maldijeran como a una plaga por el simple hecho de haber comprado, por egoísmo, mi tranquilidad a cambio de poner en juego la existencia de la especie humana?

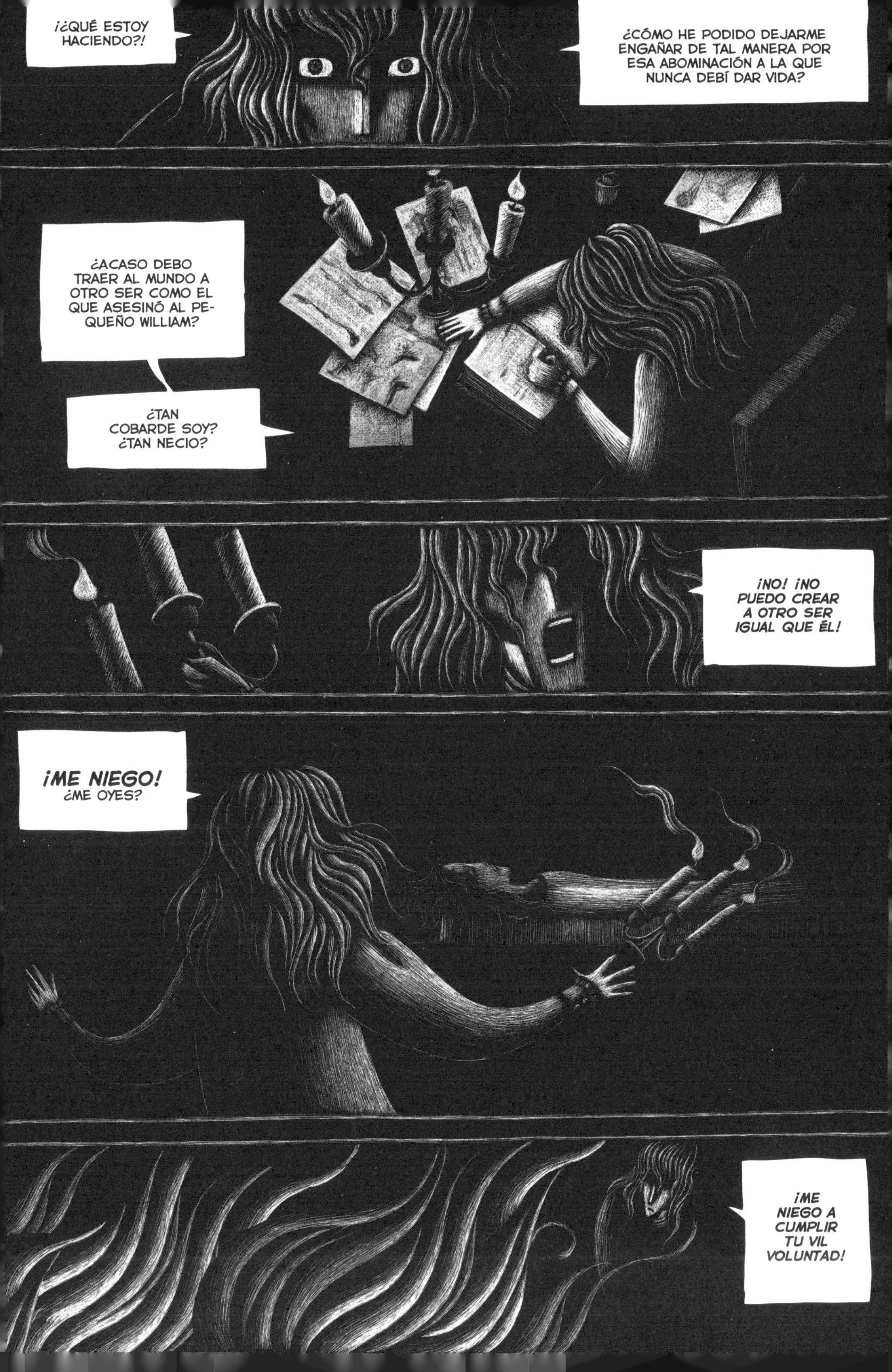
¡¿QUÉ ESTOY HACIENDO?!
¿CÓMO HE PODIDO DEJARME ENGAÑAR DE TAL MANERA POR ESA ABOMINACIÓN A LA QUE NUNCA DEBÍ DAR VIDA?
¿ACASO DEBO TRAER AL MUNDO A OTRO SER COMO EL QUE ASESINÓ AL PEQUEÑO WILLIAM?
¿TAN COBARDE SOY? ¿TAN NECIO?
¡NO! ¡NO PUEDO CREAR A OTRO SER IGUAL QUE ÉL!
¡ME NIEGO! ¿ME OYES?
¡ME NIEGO A CUMPLIR TU VIL VOLUNTAD!

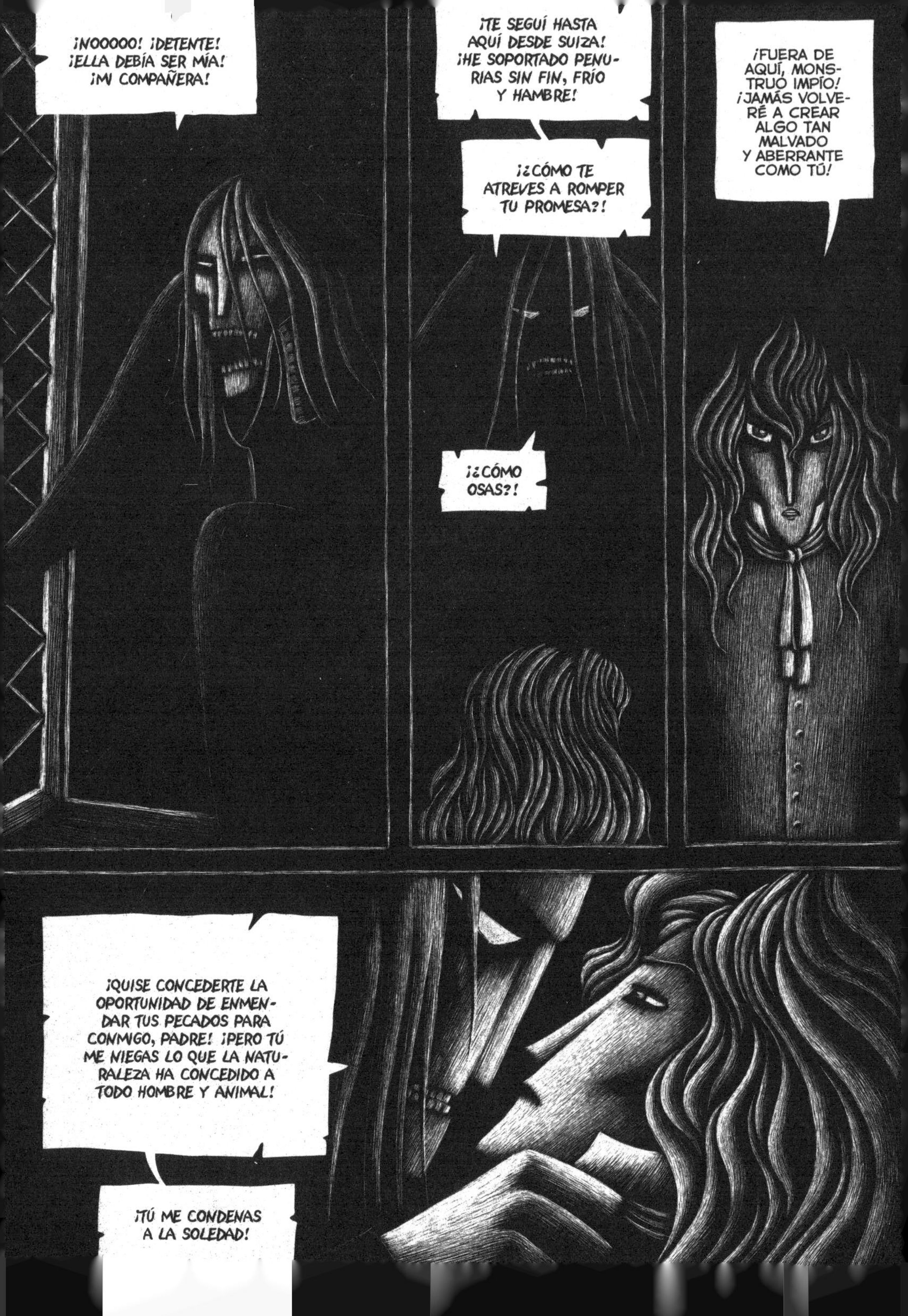
¡NOOOOO! ¡DETENTE! ¡ELLA DEBÍA SER MÍA! ¡MI COMPAÑERA!
¡TE SEGUÍ HASTA AQUÍ DESDE SUIZA! ¡HE SOPORTADO PENURIAS SIN FIN, FRÍO Y HAMBRE!
¡¿CÓMO TE ATREVES A ROMPER TU PROMESA?!
¡¿CÓMO OSAS?!
¡FUERA DE AQUÍ, MONSTRUO IMPÍO! ¡JAMÁS VOLVERÉ A CREAR ALGO TAN MALVADO Y ABERRANTE COMO TÚ!
¡QUISE CONCEDERTE LA OPORTUNIDAD DE ENMENDAR TUS PECADOS PARA CONMIGO, PADRE! ¡PERO TÚ ME NIEGAS LO QUE LA NATURALEZA HA CONCEDIDO A TODO HOMBRE Y ANIMAL!
¡TÚ ME CONDENAS A LA SOLEDAD!

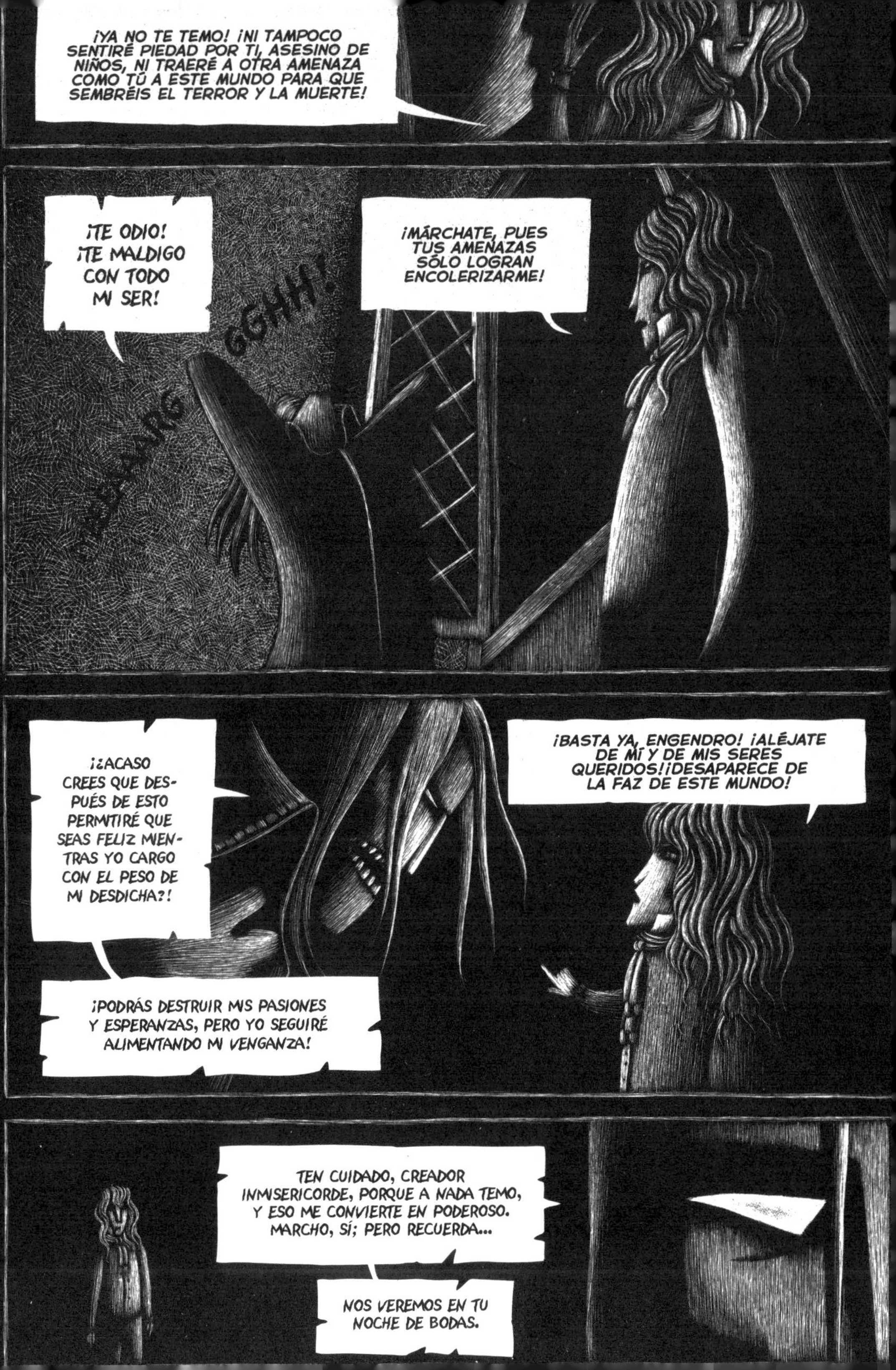
¡YA NO TE TEMO! ¡NI TAMPOCO SENTIRÉ PIEDAD POR TI, ASESINO DE NIÑOS, NI TRAERÉ A OTRA AMENAZA COMO TÚ A ESTE MUNDO PARA QUE SEMBRÉIS EL TERROR Y LA MUERTE!
¡TE ODIO! ¡TE MALDIGO CON TODO MI SER!
GGHH!
¡MÁRCHATE, PUES TUS AMENAZAS SÓLO LOGRAN ENCOLERIZARME!
¡¿ACASO CREES QUE DESPUÉS DE ESTO PERMITIRÉ QUE SEAS FELIZ MIENTRAS YO CARGO CON EL PESO DE MI DESDICHA?!
¡PODRÁS DESTRUIR MIS PASIONES Y ESPERANZAS, PERO YO SEGUIRÉ ALIMENTANDO MI VENGANZA!
¡BASTA YA, ENGENDRO! ¡ALÉJATE DE MÍ Y DE MIS SERES QUERIDOS! ¡DESAPARECE DE LA FAZ DE ESTE MUNDO!
TEN CUIDADO, CREADOR INMISERICORDE, PORQUE A NADA TEMO, Y ESO ME CONVIERTE EN PODEROSO. MARCHO, SÍ; PERO RECUERDA...
NOS VEREMOS EN TU NOCHE DE BODAS.

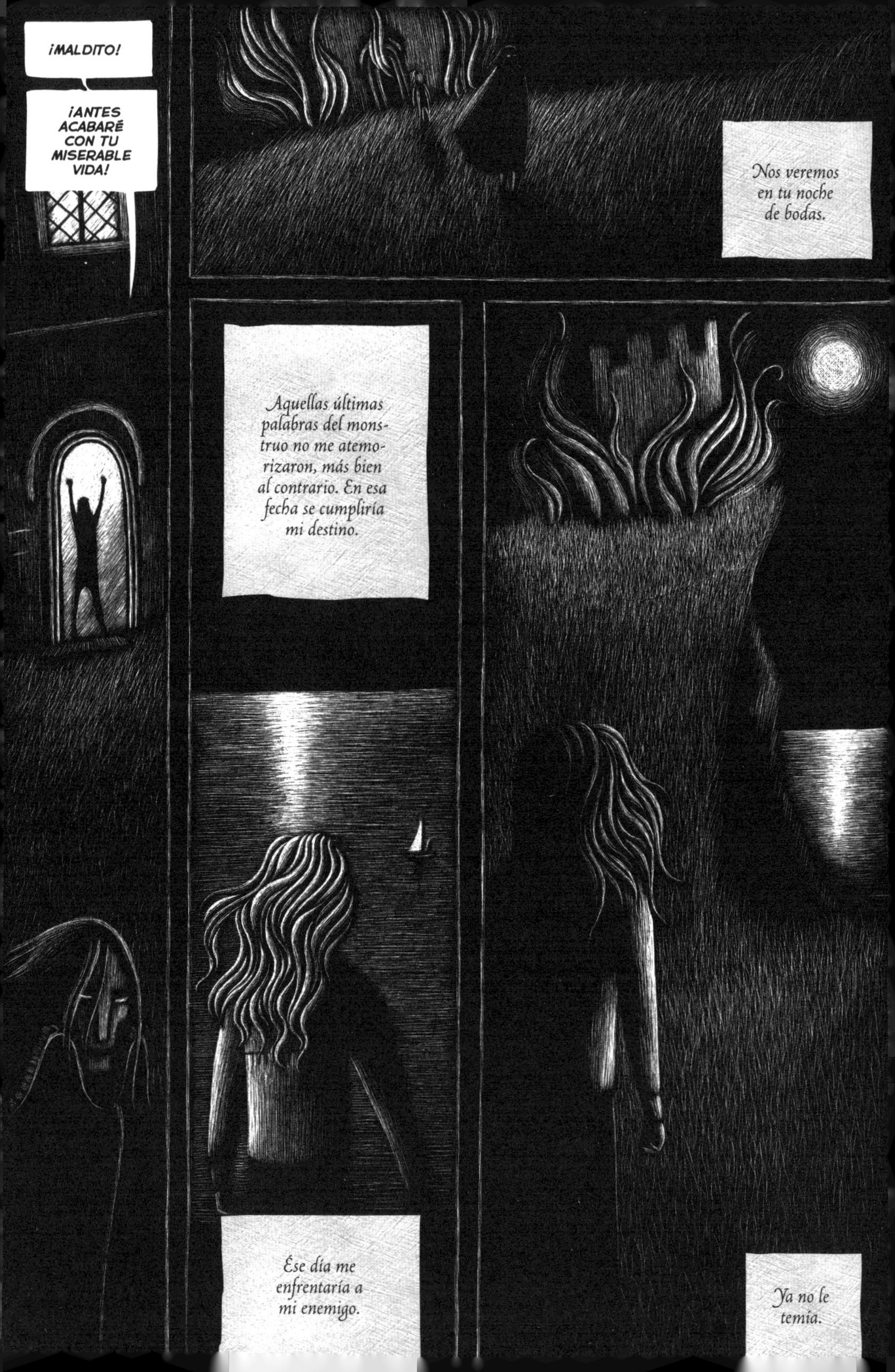

¡MALDITO!
¡ANTES ACABARÉ CON TU MISERABLE VIDA!
Nos veremos en tu noche de bodas.
Aquellas últimas palabras del monstruo no me atemorizaron, más bien al contrario. En esa fecha se cumpliría mi destino.
Ése día me enfrentaría a mi enemigo.
Ya no le temía.

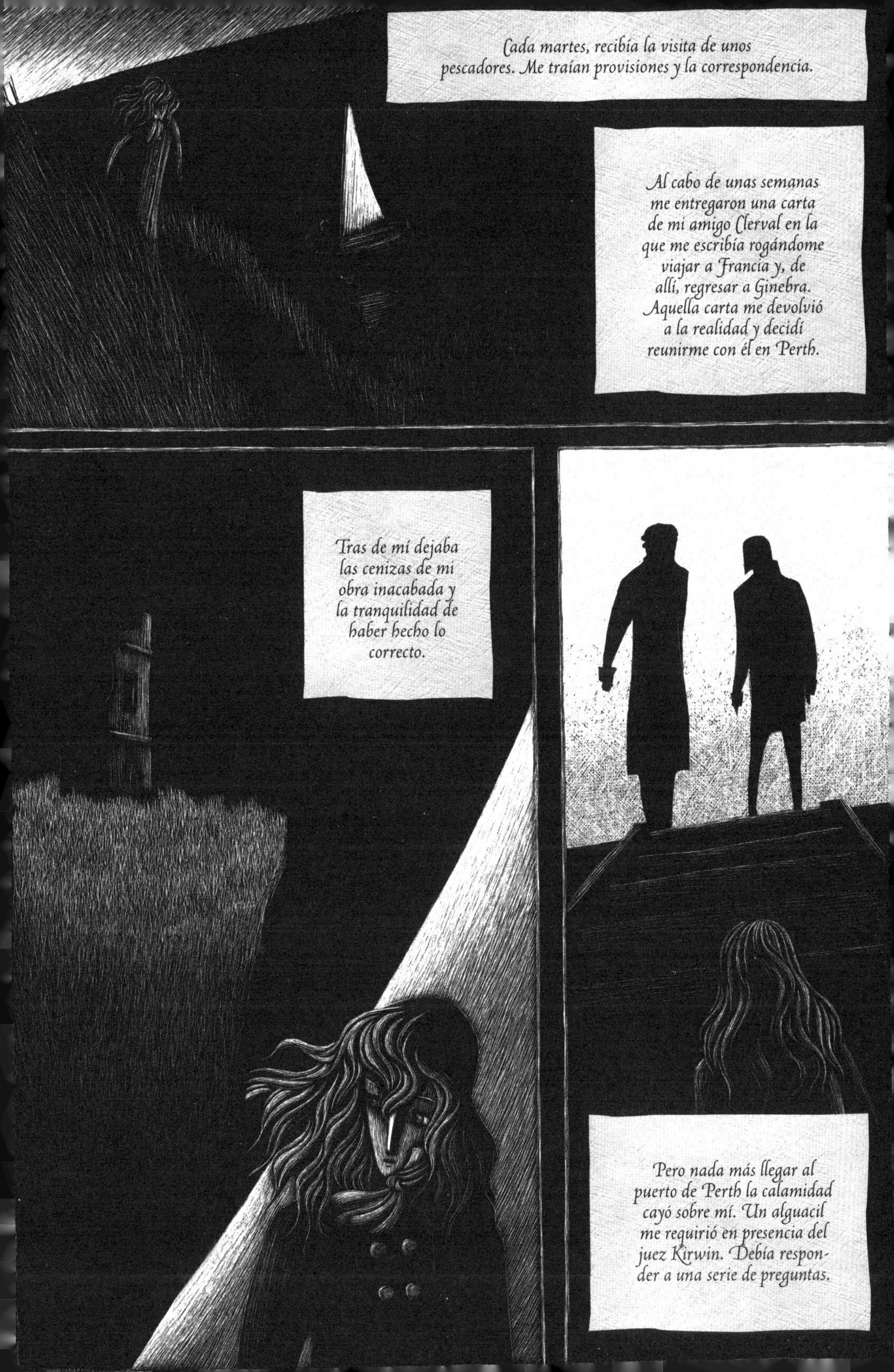
Cada martes, recibía la visita de unos pescadores. Me traían provisiones y la correspondencia.
Al cabo de unas semanas me entregaron una carta de mi amigo Clerval en la que me escribía rogándome viajar a Francia y, de allí, regresar a Ginebra. Aquella carta me devolvió a la realidad y decidí reunirme con él en Perth.
Tras de mí dejaba las cenizas de mi obra inacabada y la tranquilidad de haber hecho lo correcto.
Pero nada más llegar al puerto de Perth la calamidad cayó sobre mí. Un alguacil me requirió en presencia del juez Kirwin. Debía responder a una serie de preguntas.

Unos pescadores habían tropezado en la playa cercana al puerto con el cuerpo inerte de mi querido amigo del alma Henry Clerval.

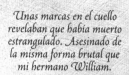

Unas marcas en el cuello revelaban que había muerto estrangulado. Asesinado de la misma forma brutal que mi hermano William.

El Monstruo había descargado su venganza antes de lo que me esperaba. Me sentí como en una pesadilla, cayendo a por un precipicio envuelto en una bruma de impotencia.

No recuerdo mucho la conversación con el juez Kirwin.

En aquellos momentos, me sentía el hombre más desdichado de la tierra. William, Justine y ahora Henry, mi buen Henry.

Era un buen hombre y, consciente de mi pérdida su amabilidad me resultó de gran ayuda.

Todos ellos habían muerto por mi culpa.

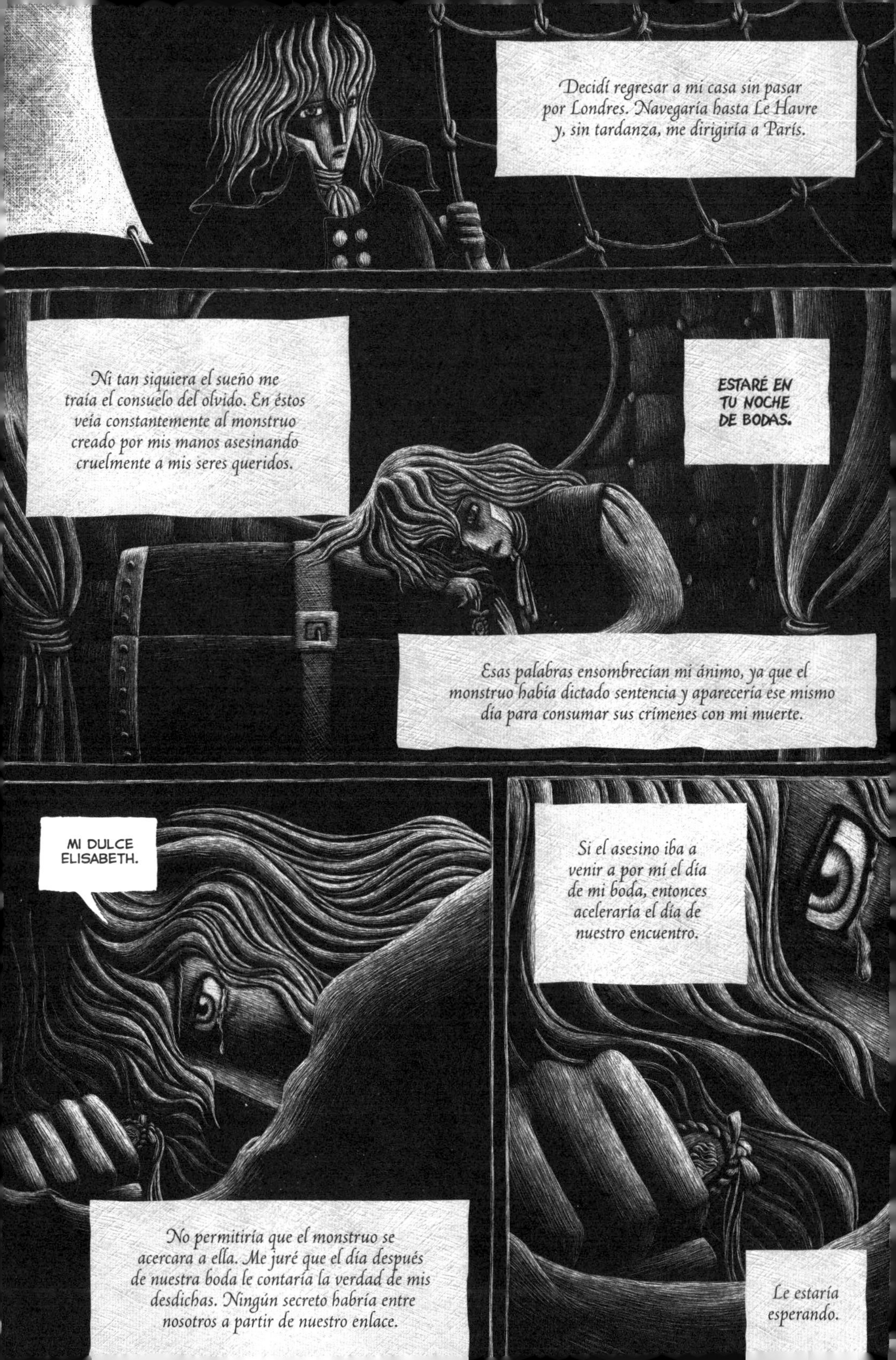
Decidí regresar a mi casa sin pasar por Londres. Navegaría hasta Le Havre y, sin tardanza, me dirigiría a París.
Ni tan siquiera el sueño me traía el consuelo del olvido. En éstos veía constantemente al monstruo creado por mis manos asesinando cruelmente a mis seres queridos.
ESTARÉ EN TU NOCHE DE BODAS.
Esas palabras ensombrecían mi ánimo, ya que el monstruo había dictado sentencia y aparecería ese mismo día para consumar sus crímenes con mi muerte.
MI DULCE ELISABETH.
No permitiría que el monstruo se acercara a ella. Me juré que el día después de nuestra boda le contaría la verdad de mis desdichas. Ningún secreto habría entre nosotros a partir de nuestro enlace.
Si el asesino iba a venir a por mí el día de mi boda, entonces aceleraría el día de nuestro encuentro.
Le estaría esperando.

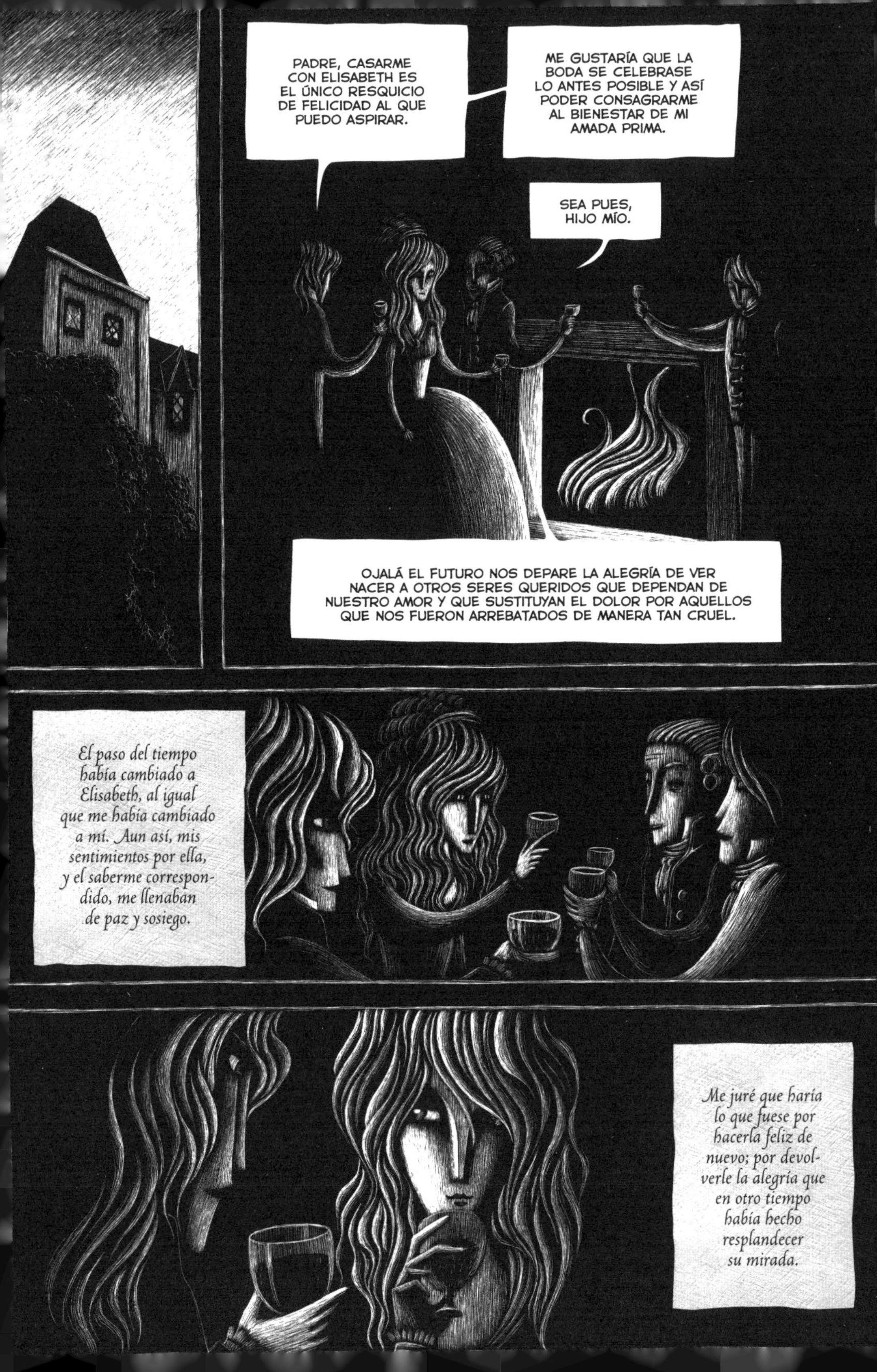
PADRE, CASARME CON ELISABETH ES EL ÚNICO RESQUICIO DE FELICIDAD AL QUE PUEDO ASPIRAR.
ME GUSTARÍA QUE LA BODA SE CELEBRASE LO ANTES POSIBLE Y ASÍ PODER CONSAGRARME AL BIENESTAR DE MI AMADA PRIMA.
SEA PUES, HIJO MÍO.
OJALÁ EL FUTURO NOS DEPARE LA ALEGRÍA DE VER NACER A OTROS SERES QUERIDOS QUE DEPENDAN DE NUESTRO AMOR Y QUE SUSTITUYAN EL DOLOR POR AQUELLOS QUE NOS FUERON ARREBATADOS DE MANERA TAN CRUEL.
El paso del tiempo había cambiado a Elisabeth, al igual que me había cambiado a mí. Aun así, mis sentimientos por ella, y el saberme correspondido, me llenaban de paz y sosiego.
Me juré que haría lo que fuese por hacerla feliz de nuevo; por devolverle la alegría que en otro tiempo había hecho resplandecer su mirada.

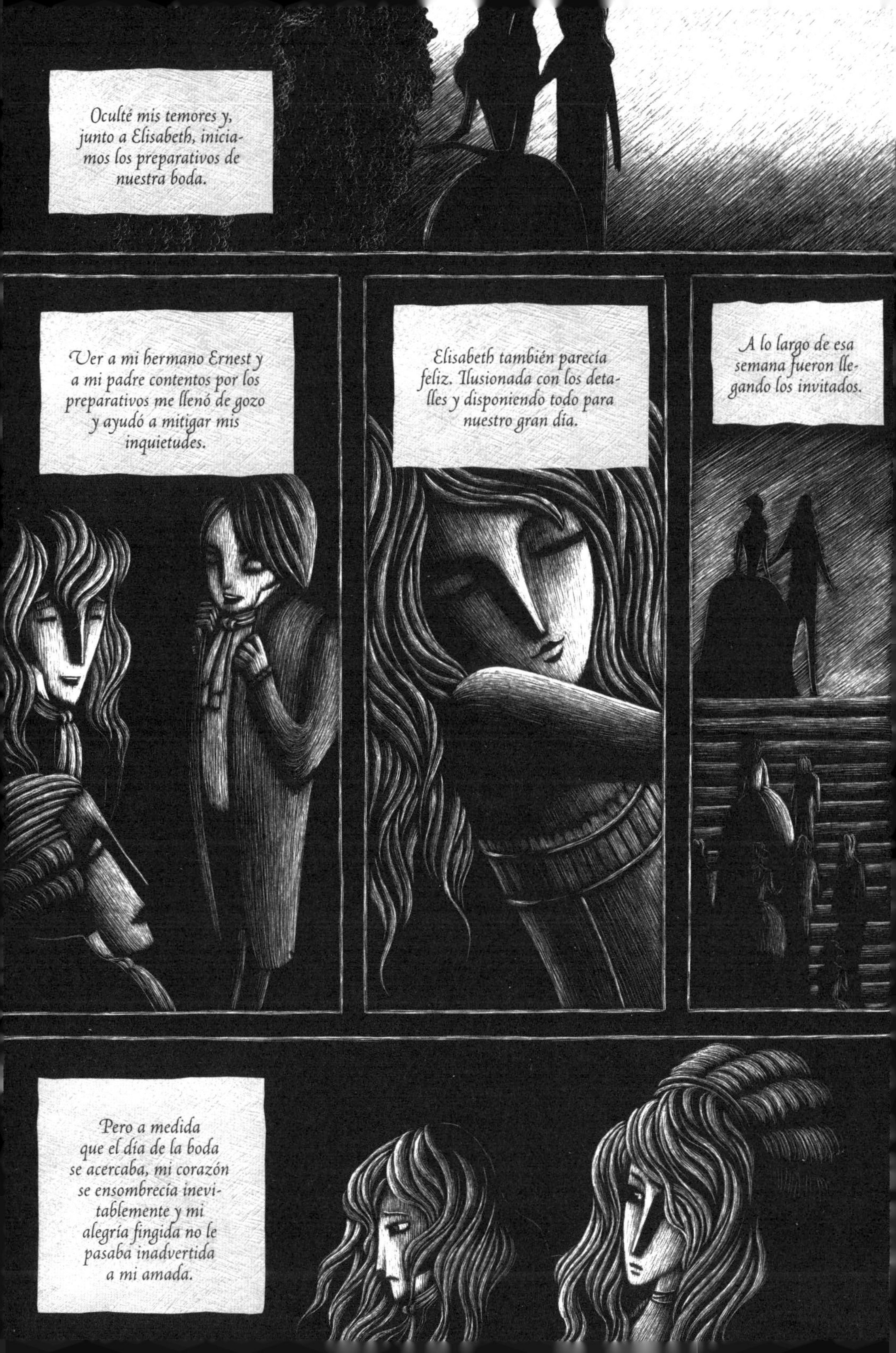
Oculté mis temores y, junto a Elisabeth, iniciamos los preparativos de nuestra boda.
Ver a mi hermano Ernest y a mi padre contentos por los preparativos me llenó de gozo y ayudó a mitigar mis inquietudes.
Elisabeth también parecía feliz. Ilusionada con los detalles y disponiendo todo para nuestro gran día.
A lo largo de esa semana fueron llegando los invitados.
Pero a medida que el día de la boda se acercaba, mi corazón se ensombrecía inevitablemente y mi alegría fingida no le pasaba inadvertida a mi amada.

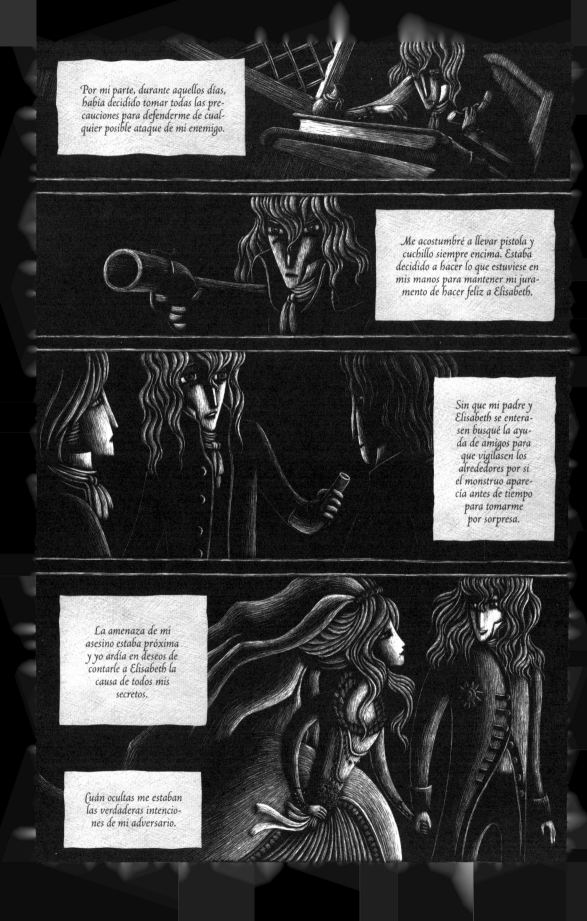

Por mi parte, durante aquellos días, había decidido tomar todas las precauciones para defenderme de cualquier posible ataque de mi enemigo.

Me acostumbré a llevar pistola y cuchillo siempre encima. Estaba decidido a hacer lo que estuviese en mis manos para mantener mi juramento de hacer feliz a Elisabeth.

Sin que mi padre y Elisabeth se enterasen busqué la ayuda de amigos para que vigilasen los alrededores por si el monstruo aparecía antes de tiempo para tomarme por sorpresa.

La amenaza de mi asesino estaba próxima y yo ardía en deseos de contarle a Elisabeth la causa de todos mis secretos.

Cuán ocultas me estaban las verdaderas intenciones de mi adversario.

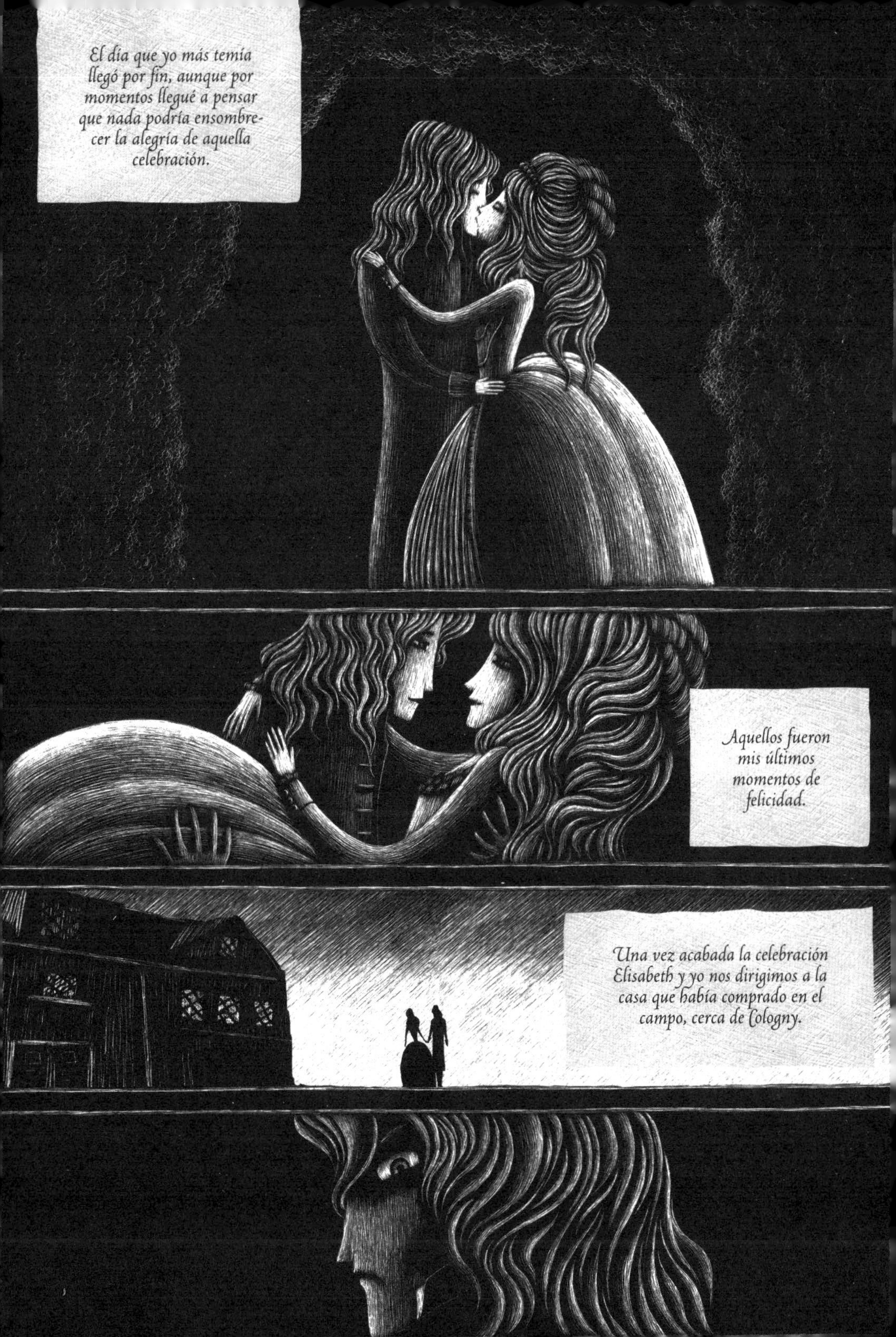
El día que yo más temía llegó por fin, aunque por momentos llegué a pensar que nada podría ensombrecer la alegría de aquella celebración.
Aquellos fueron mis últimos momentos de felicidad.
Una vez acabada la celebración Elisabeth y yo nos dirigimos a la casa que había comprado en el campo, cerca de Cologny.

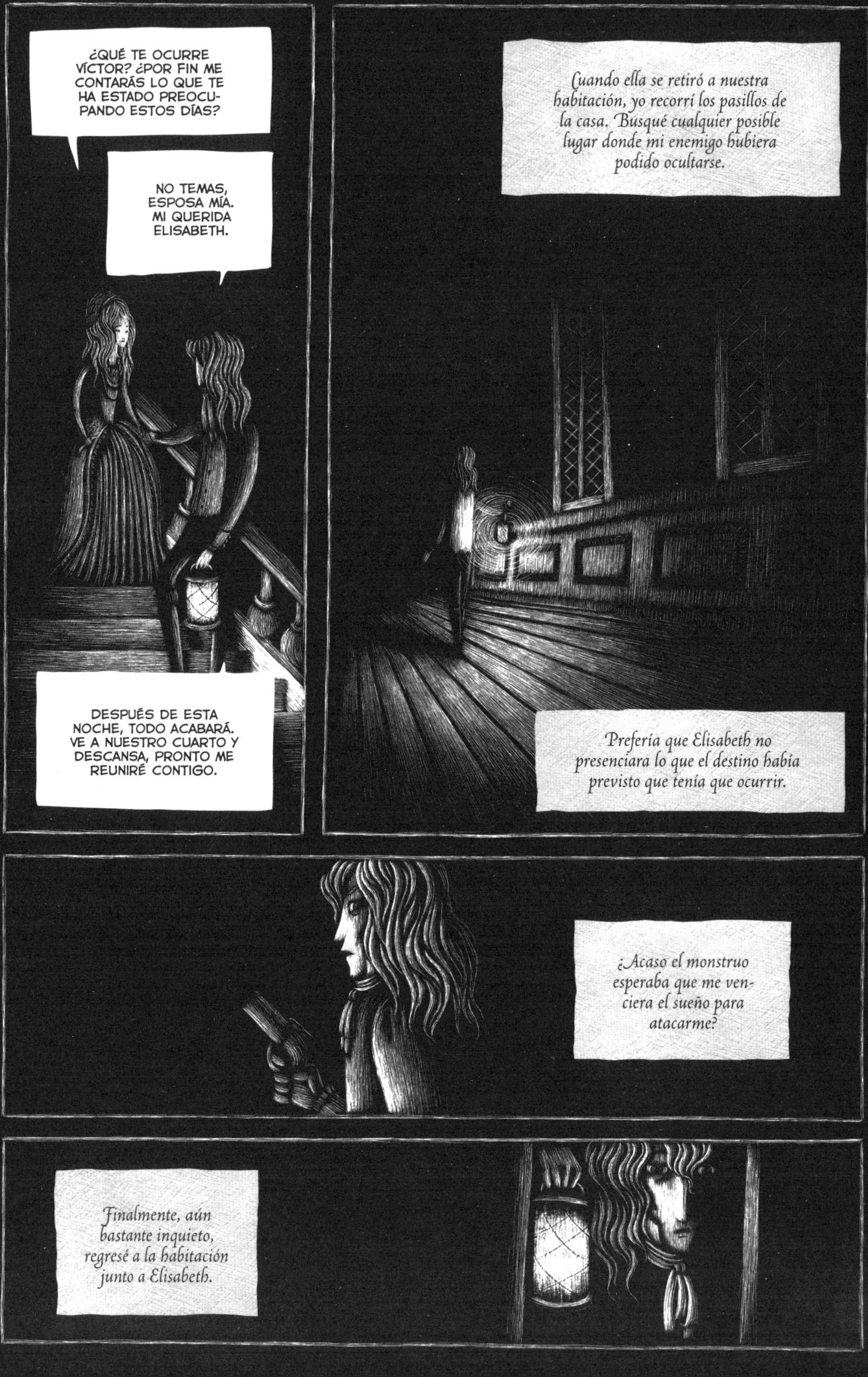
¿QUÉ TE OCURRE VÍCTOR? ¿POR FIN ME CONTARÁS LO QUE TE HA ESTADO PREOCU-PANDO ESTOS DÍAS?
NO TEMAS, ESPOSA MÍA. MI QUERIDA ELISABETH.
DESPUÉS DE ESTA NOCHE, TODO ACABARÁ. VE A NUESTRO CUARTO Y DESCANSA, PRONTO ME REUNIRÉ CONTIGO.
Cuando ella se retiró a nuestra habitación, yo recorrí los pasillos de la casa. Busqué cualquier posible lugar donde mi enemigo hubiera podido ocultarse.
Prefería que Elisabeth no presenciara lo que el destino había previsto que tenía que ocurrir.
¿Acaso el monstruo esperaba que me ven-ciera el sueño para atacarme?
Finalmente, aún bastante inquieto, regresé a la habitación junto a Elisabeth.

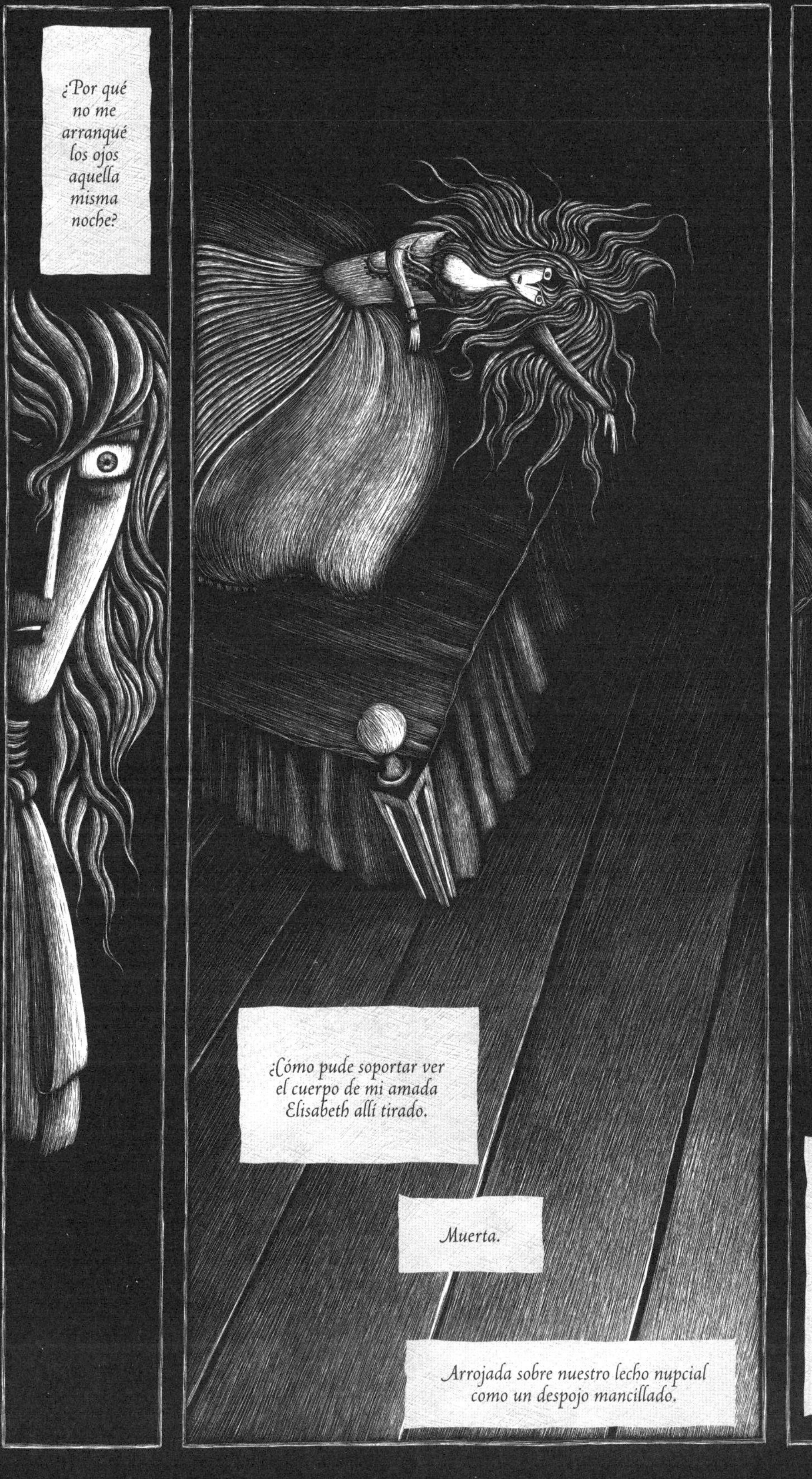
¿Por qué no me arranqué los ojos aquella misma noche?
¿Cómo pude soportar ver el cuerpo de mi amada Elisabeth allí tirado.
Muerta.
Arrojada sobre nuestro lecho nupcial como un despojo mancillado.
Cuán ciego y equivocado había estado sobre las intenciones de mi enemigo.

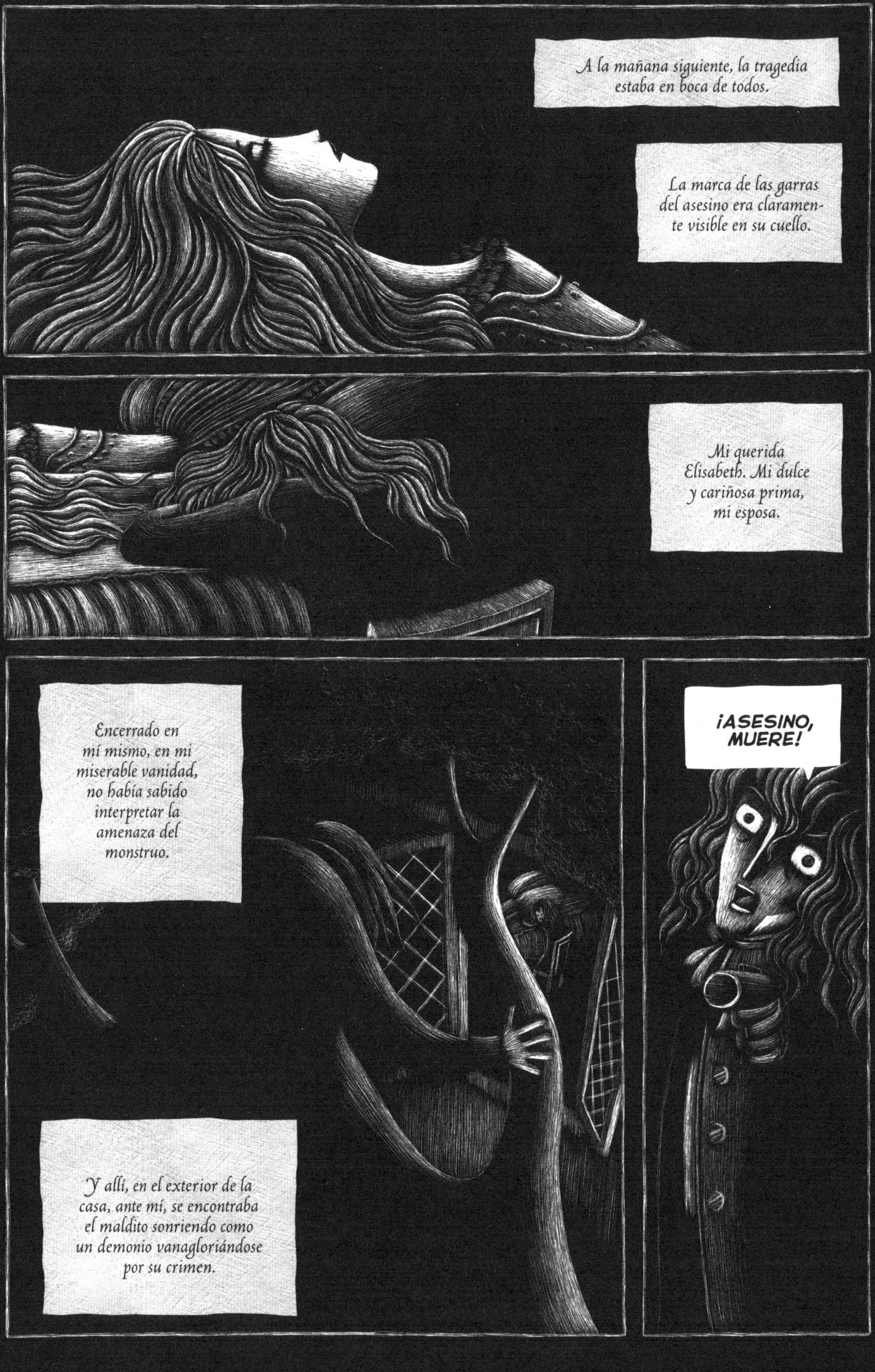
A la mañana siguiente, la tragedia estaba en boca de todos.
La marca de las garras del asesino era claramente visible en su cuello.
Mi querida Elisabeth. Mi dulce y cariñosa prima, mi esposa.
Encerrado en mí mismo, en mi miserable vanidad, no había sabido interpretar la amenaza del monstruo.
Y allí, en el exterior de la casa, ante mí, se encontraba el maldito sonriendo como un demonio vanagloriándose por su crimen.
¡ASESINO, MUERE!

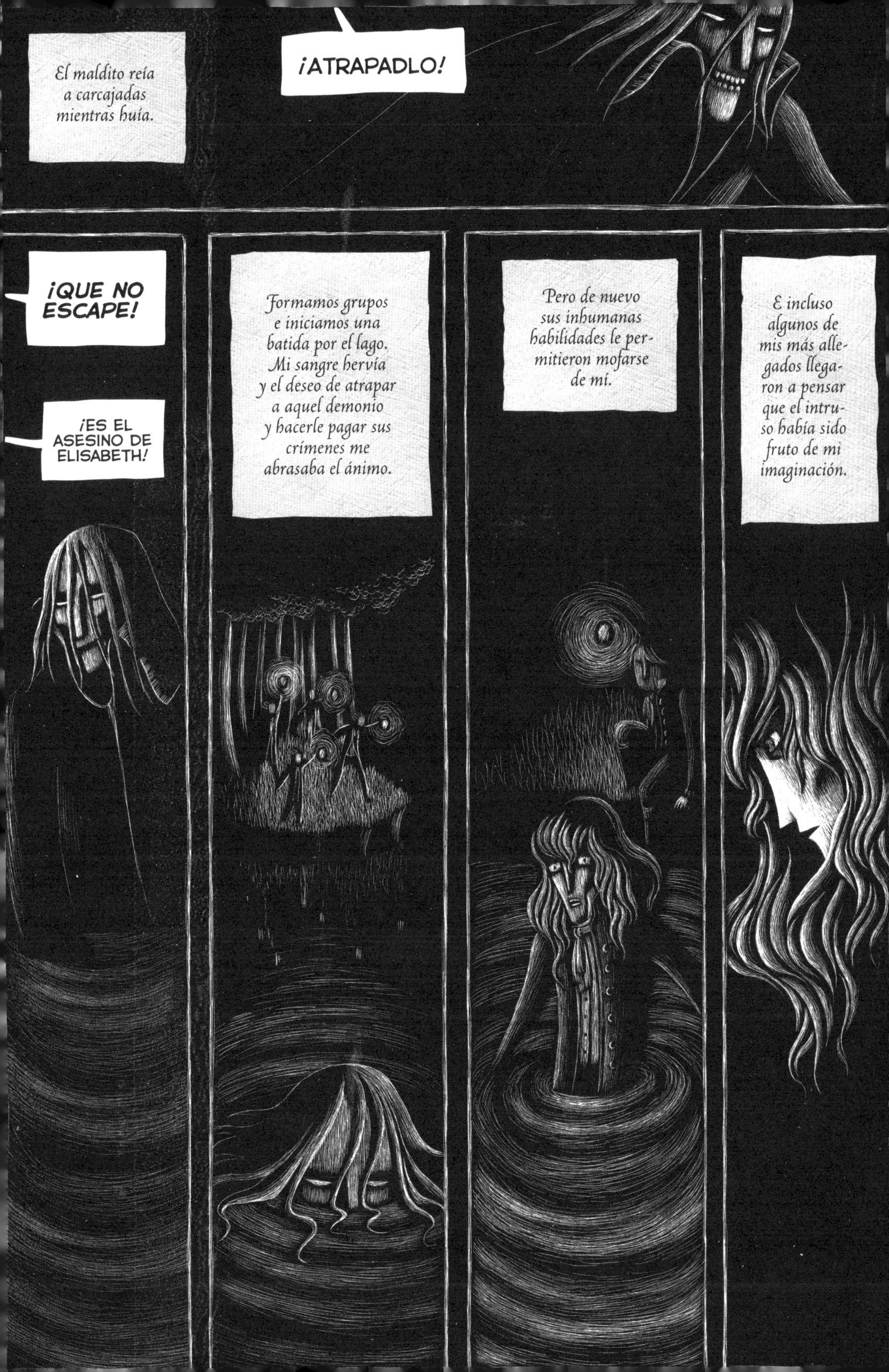
El maldito reía a carcajadas mientras huía.
¡ATRAPADLO!
¡QUE NO ESCAPE!
¡ES EL ASESINO DE ELISABETH!
Formamos grupos e iniciamos una batida por el lago. Mi sangre hervía y el deseo de atrapar a aquel demonio y hacerle pagar sus crímenes me abrasaba el ánimo.
Pero de nuevo sus inhumanas habilidades le permitieron mofarse de mí.
E incluso algunos de mis más allegados llegaron a pensar que el intruso había sido fruto de mi imaginación.

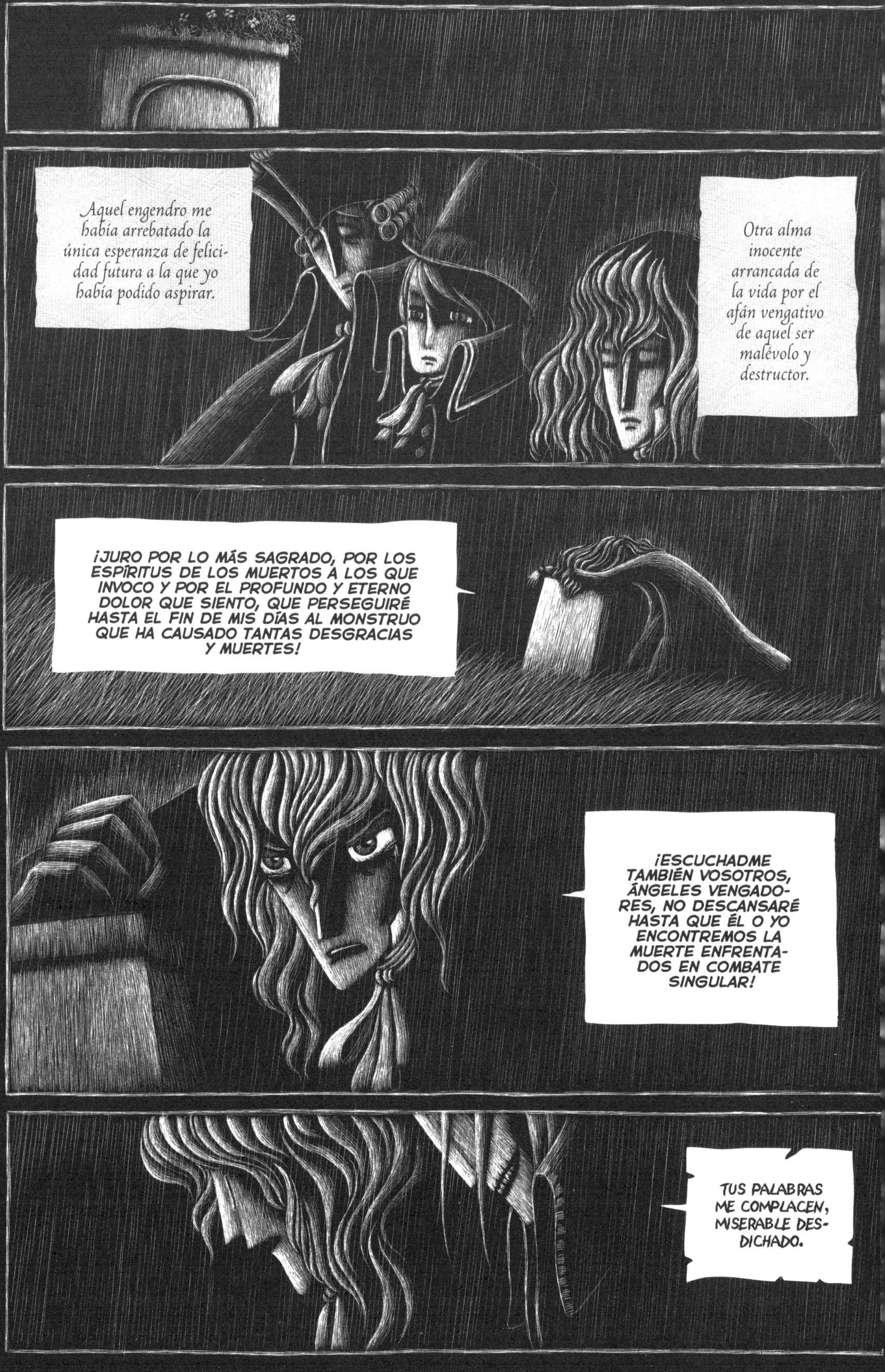
Aquel engendro me había arrebatado la única esperanza de felicidad futura a la que yo había podido aspirar.
Otra alma inocente arrancada de la vida por el afán vengativo de aquel ser malévolo y destructor.
¡JURO POR LO MÁS SAGRADO, POR LOS ESPÍRITUS DE LOS MUERTOS A LOS QUE INVOCO Y POR EL PROFUNDO Y ETERNO DOLOR QUE SIENTO, QUE PERSEGUIRÉ HASTA EL FIN DE MIS DÍAS AL MONSTRUO QUE HA CAUSADO TANTAS DESGRACIAS Y MUERTES!
¡ESCUCHADME TAMBIÉN VOSOTROS, ÁNGELES VENGADORES, NO DESCANSARÉ HASTA QUE ÉL O YO ENCONTREMOS LA MUERTE ENFRENTADOS EN COMBATE SINGULAR!
TUS PALABRAS ME COMPLACEN, MISERABLE DESDICHADO.

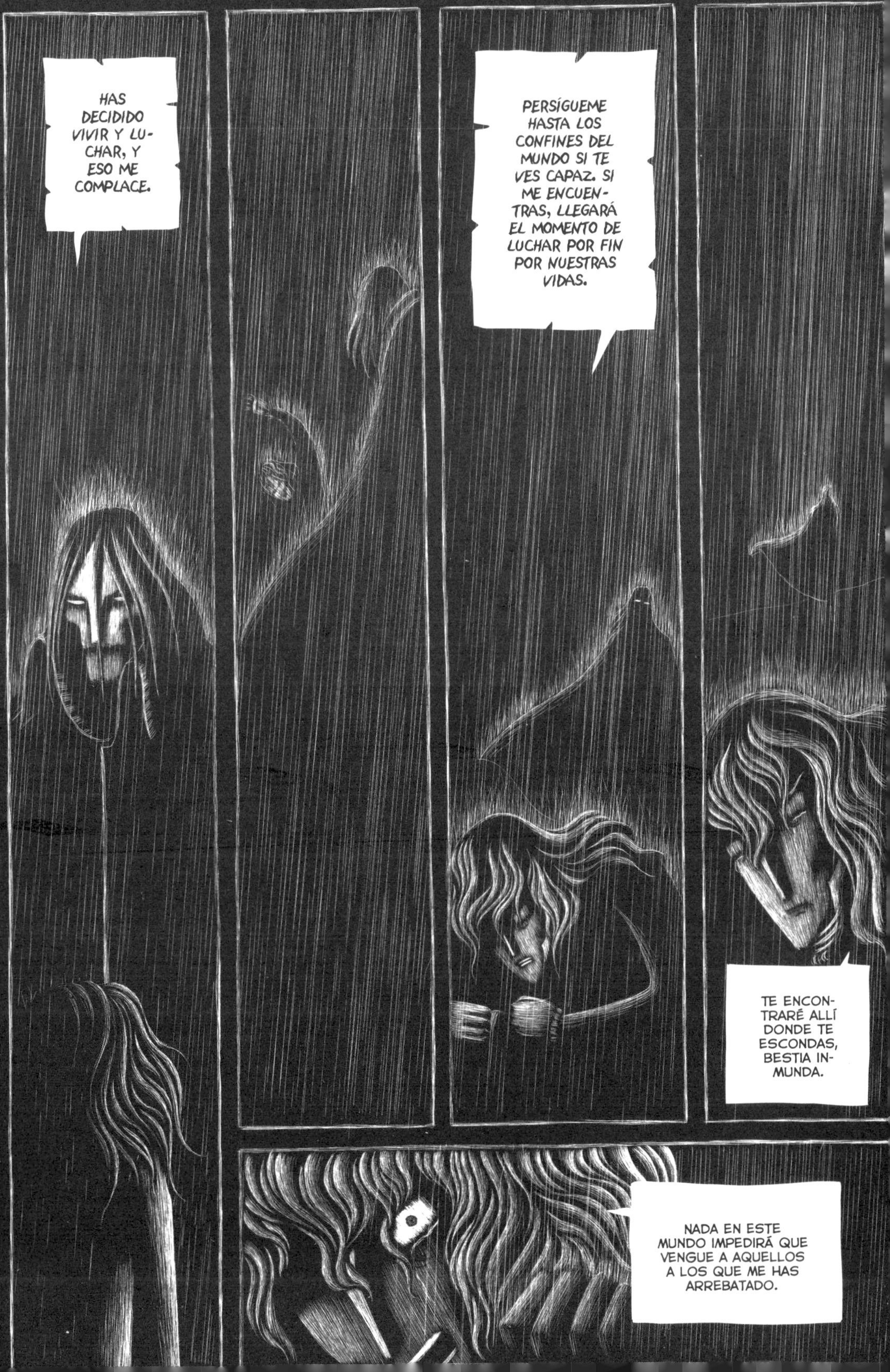
HAS DECIDIDO VIVIR Y LUCHAR, Y ESO ME COMPLACE.
PERSÍGUEME HASTA LOS CONFINES DEL MUNDO SI TE VES CAPAZ. SI ME ENCUENTRAS, LLEGARÁ EL MOMENTO DE LUCHAR POR FIN POR NUESTRAS VIDAS.
TE ENCONTRARÉ ALLÍ DONDE TE ESCONDAS, BESTIA INMUNDA.
NADA EN ESTE MUNDO IMPEDIRÁ QUE VENGUE A AQUELLOS A LOS QUE ME HAS ARREBATADO.

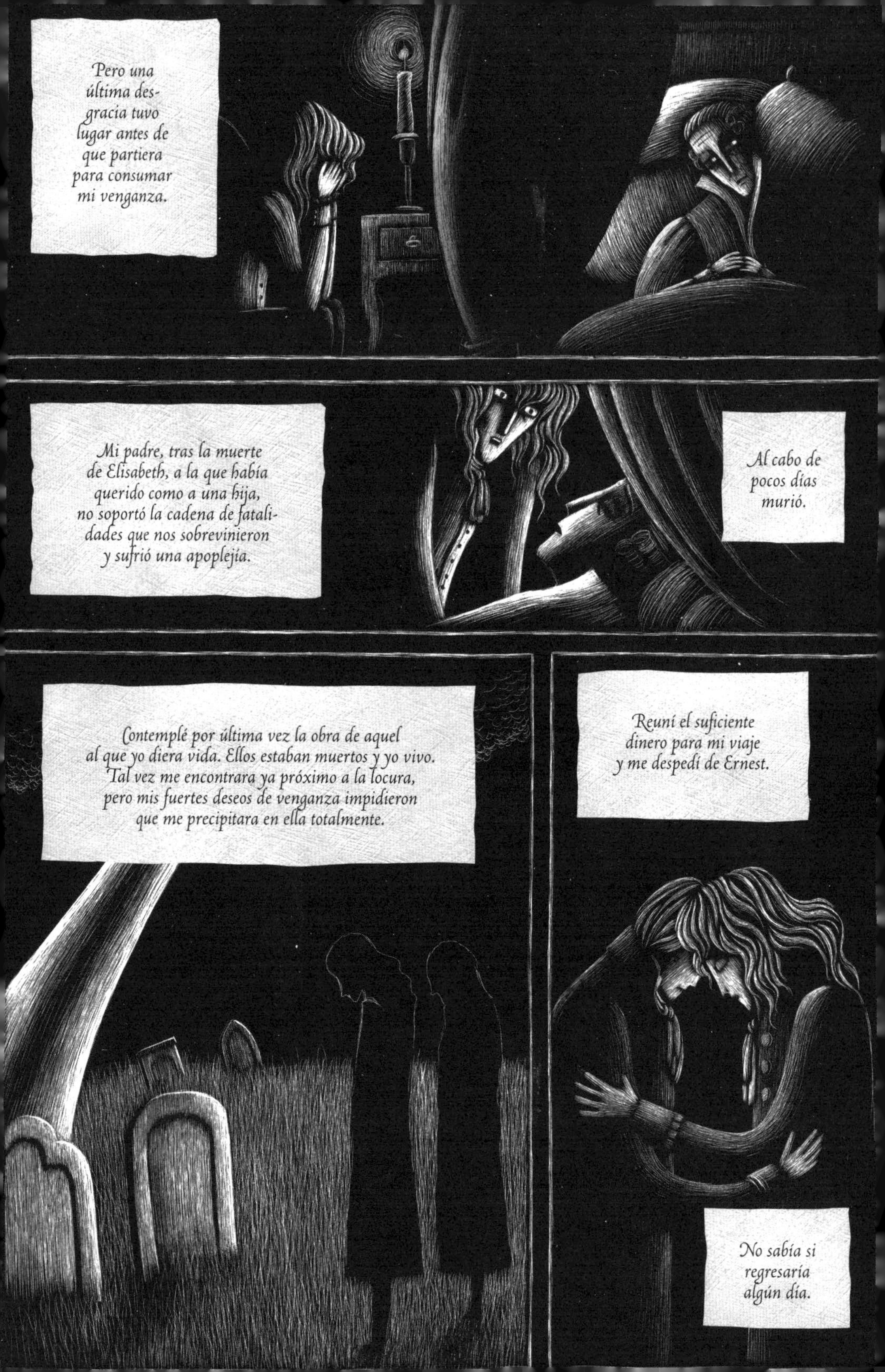
Pero una última desgracia tuvo lugar antes de que partiera para consumar mi venganza.
Mi padre, tras la muerte de Elisabeth, a la que había querido como a una hija, no soportó la cadena de fatalidades que nos sobrevinieron y sufrió una apoplejía.
Al cabo de pocos días murió.
Contemplé por última vez la obra de aquel al que yo diera vida. Ellos estaban muertos y yo vivo. Tal vez me encontrara ya próximo a la locura, pero mis fuertes deseos de venganza impidieron que me precipitara en ella totalmente.
Reuní el suficiente dinero para mi viaje y me despedí de Ernest.
No sabía si regresaría algún día.

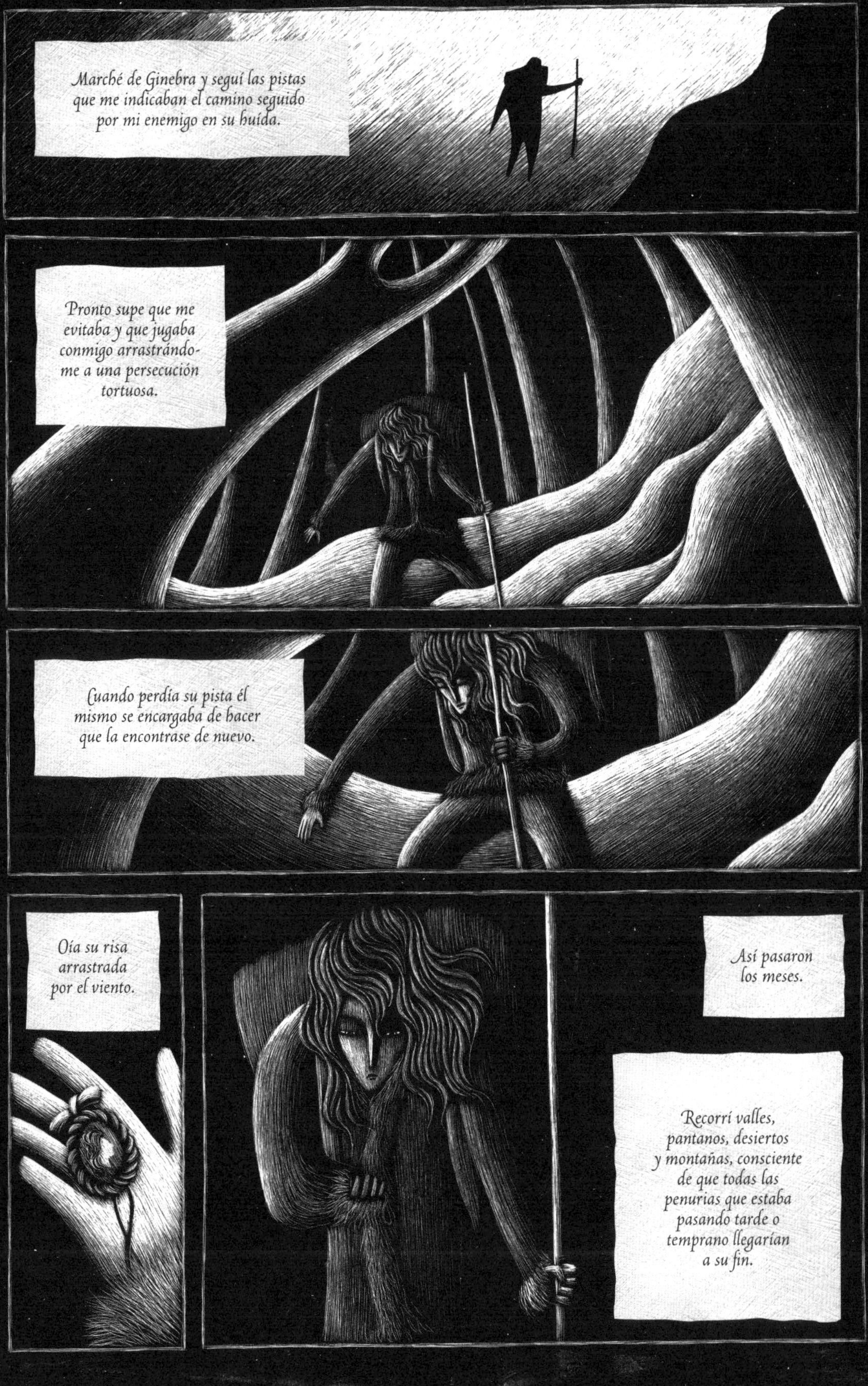
Marché de Ginebra y seguí las pistas que me indicaban el camino seguido por mi enemigo en su huída.
Pronto supe que me evitaba y que jugaba conmigo arrastrándome a una persecución tortuosa.
Cuando perdía su pista él mismo se encargaba de hacer que la encontrase de nuevo.
Oía su risa arrastrada por el viento.
Así pasaron los meses.
Recorrí valles, pantanos, desiertos y montañas, consciente de que todas las penurias que estaba pasando tarde o temprano llegarían a su fin.

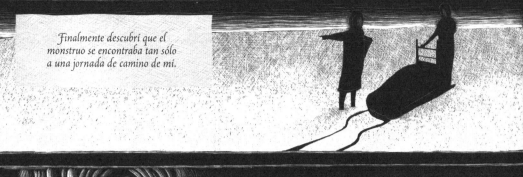

Finalmente descubrí que el
monstruo se encontraba tan sólo
a una jornada de camino de mí.

No podía permitirme
alargar por más tiempo
aquella persecución que
me consumía día a día.

Pero el destino
volvió a burlarse
de mí cuando el
hielo se resquebrajó
a mi alrededor.

La distancia se
acortaba, y de nuevo en
mi la cólera y la locura me
empujaban buscando mi
deseada retribución final.

Floté a la deriva sobre
aquel bloque de hielo
durante días.

Mis perros fueron
muriendo uno
tras otro y yo creí
que la muerte
me iba a llegar
sin poder
llevar a cabo
mi venganza.

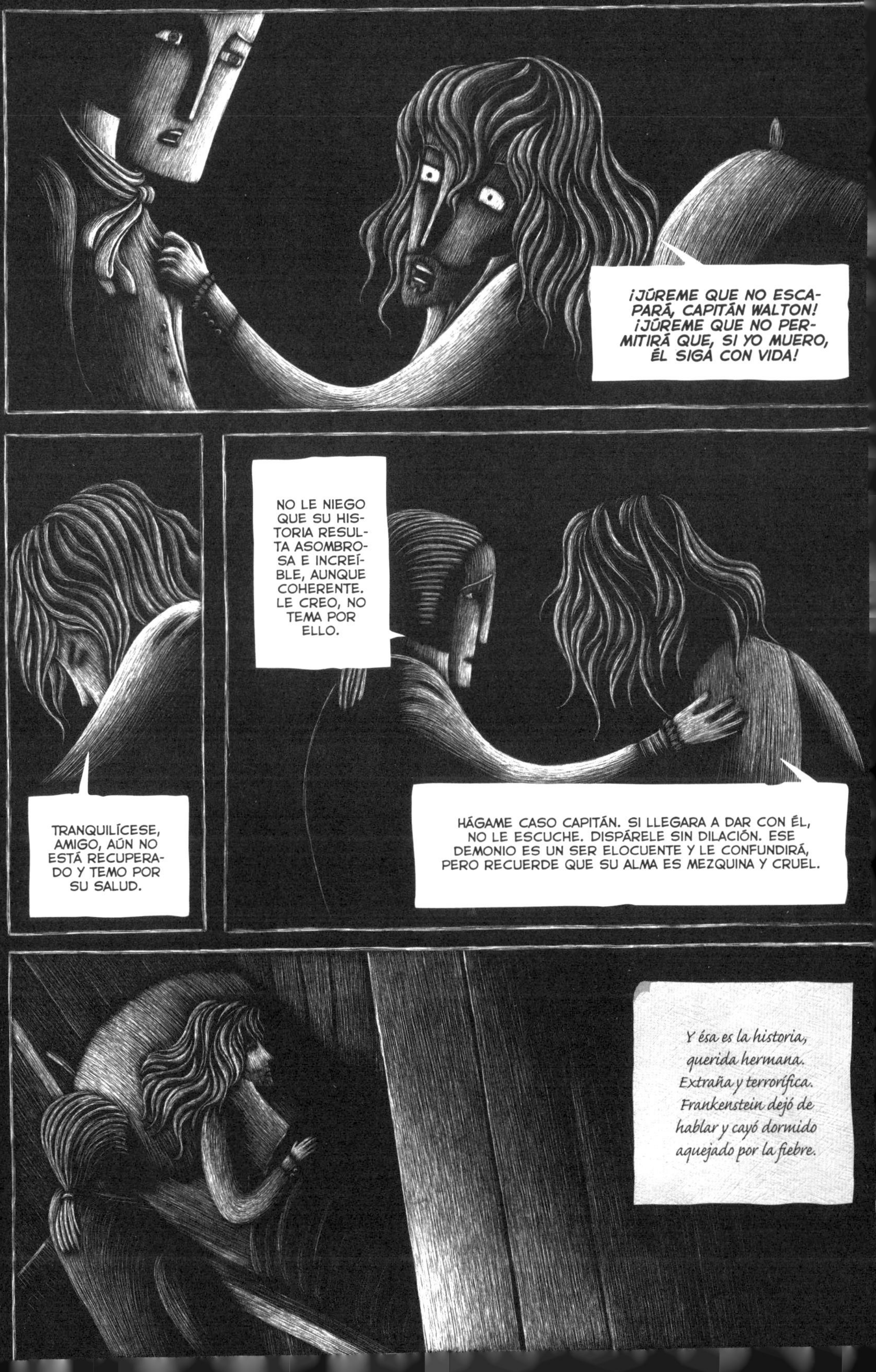
¡JÚREME QUE NO ESCAPARÁ, CAPITÁN WALTON! ¡JÚREME QUE NO PERMITIRÁ QUE, SI YO MUERO, ÉL SIGA CON VIDA!
TRANQUILÍCESE, AMIGO, AÚN NO ESTÁ RECUPERADO Y TEMO POR SU SALUD.
NO LE NIEGO QUE SU HISTORIA RESULTA ASOMBROSA E INCREÍBLE, AUNQUE COHERENTE. LE CREO, NO TEMA POR ELLO.
HÁGAME CASO CAPITÁN. SI LLEGARA A DAR CON ÉL, NO LE ESCUCHE. DISPÁRELE SIN DILACIÓN. ESE DEMONIO ES UN SER ELOCUENTE Y LE CONFUNDIRÁ, PERO RECUERDE QUE SU ALMA ES MEZQUINA Y CRUEL.
Y ésa es la historia, querida hermana. Extraña y terrorífica. Frankenstein dejó de hablar y cayó dormido aquejado por la fiebre.

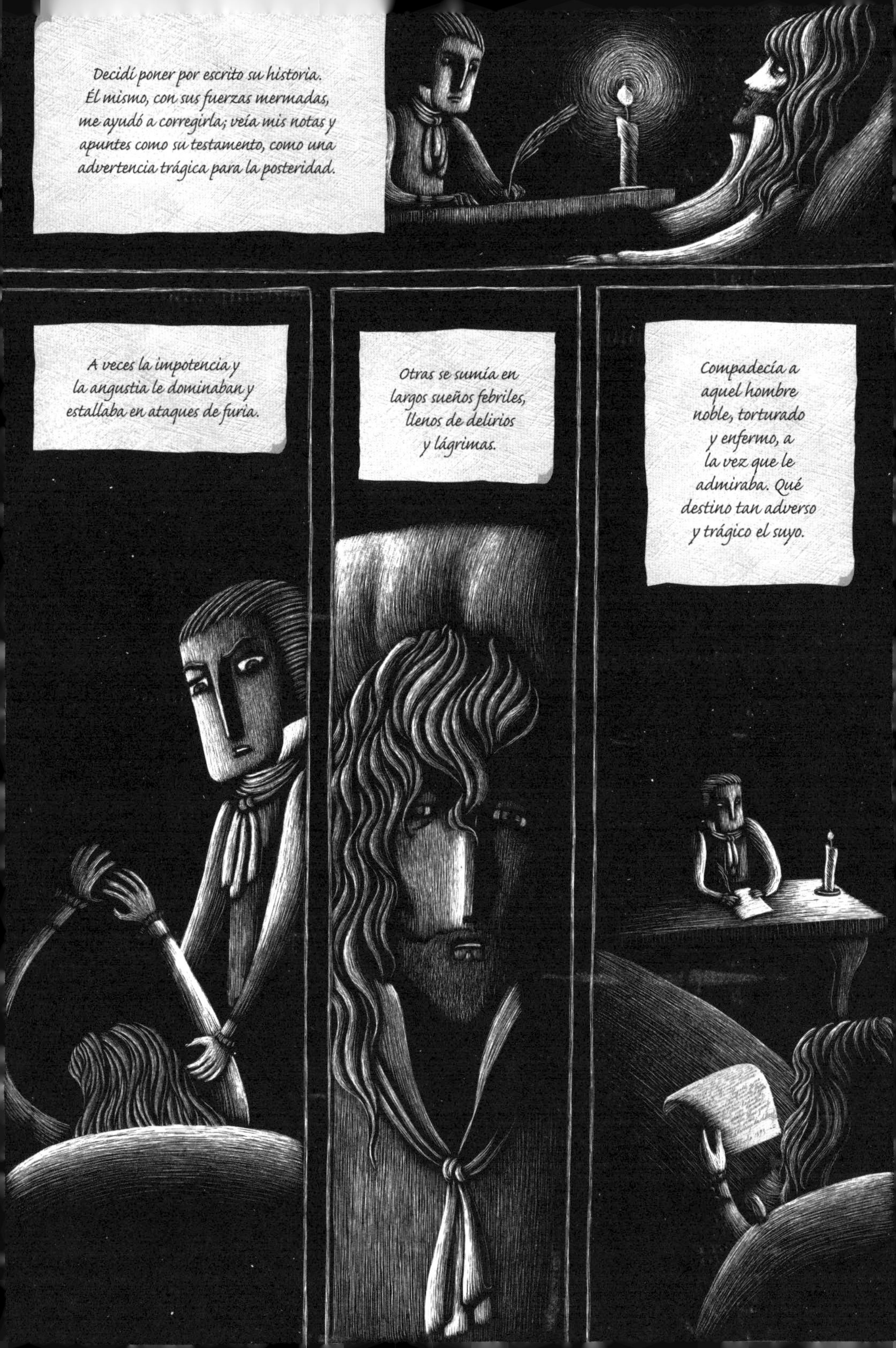
Decidí poner por escrito su historia. Él mismo, con sus fuerzas mermadas, me ayudó a corregirla; veía mis notas y apuntes como su testamento, como una advertencia trágica para la posteridad.
A veces la impotencia y la angustia le dominaban y estallaba en ataques de furia.
Otras se sumía en largos sueños febriles, llenos de delirios y lágrimas.
Compadecía a aquel hombre noble, torturado y enfermo, a la vez que le admiraba. Qué destino tan adverso y trágico el suyo.

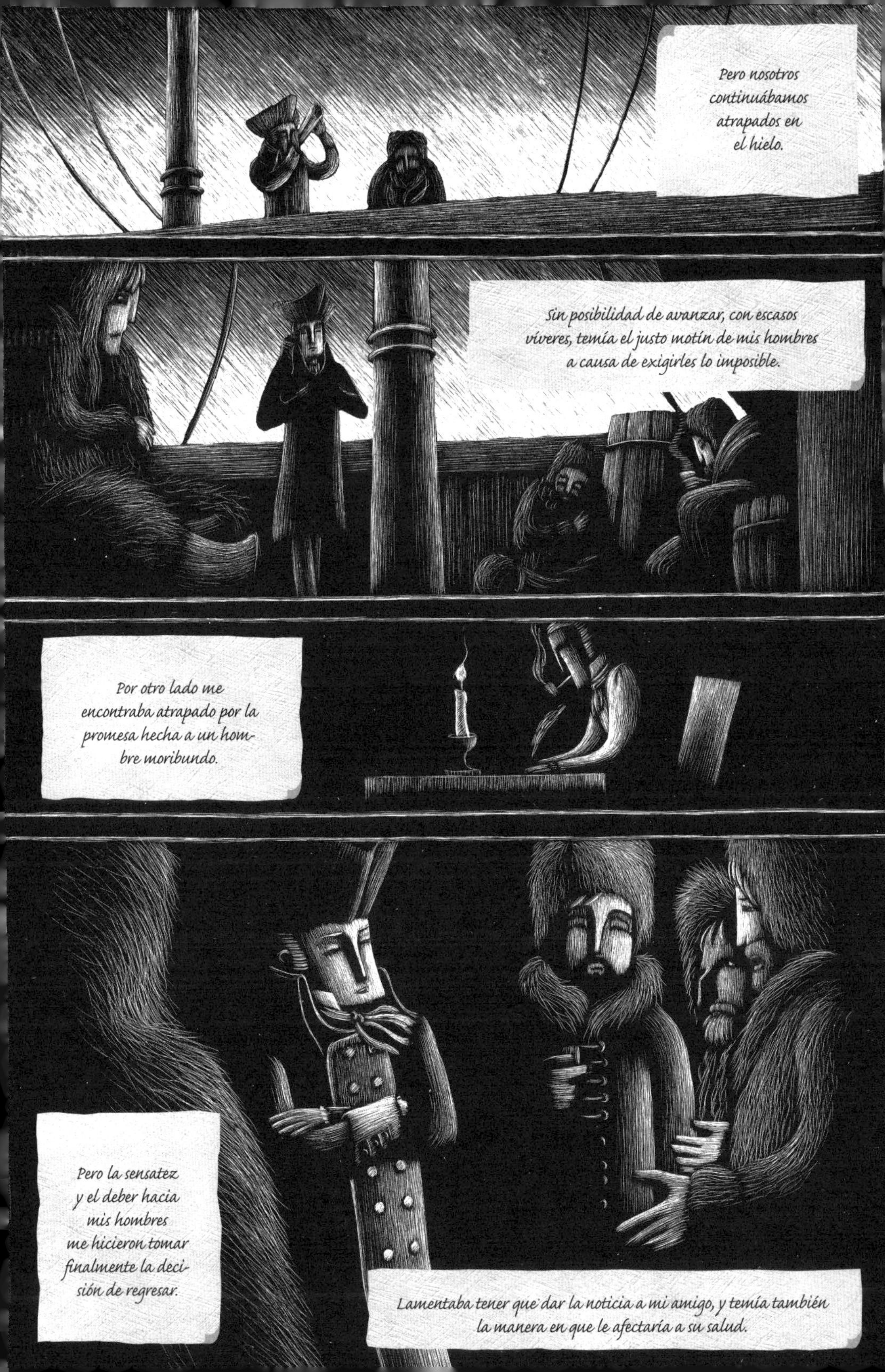
Pero nosotros continuábamos atrapados en el hielo.
Sin posibilidad de avanzar, con escasos víveres, temía el justo motín de mis hombres a causa de exigirles lo imposible.
Por otro lado me encontraba atrapado por la promesa hecha a un hombre moribundo.
Pero la sensatez y el deber hacia mis hombres me hicieron tomar finalmente la decisión de regresar.
Lamentaba tener que dar la noticia a mi amigo, y temía también la manera en que le afectaría a su salud.

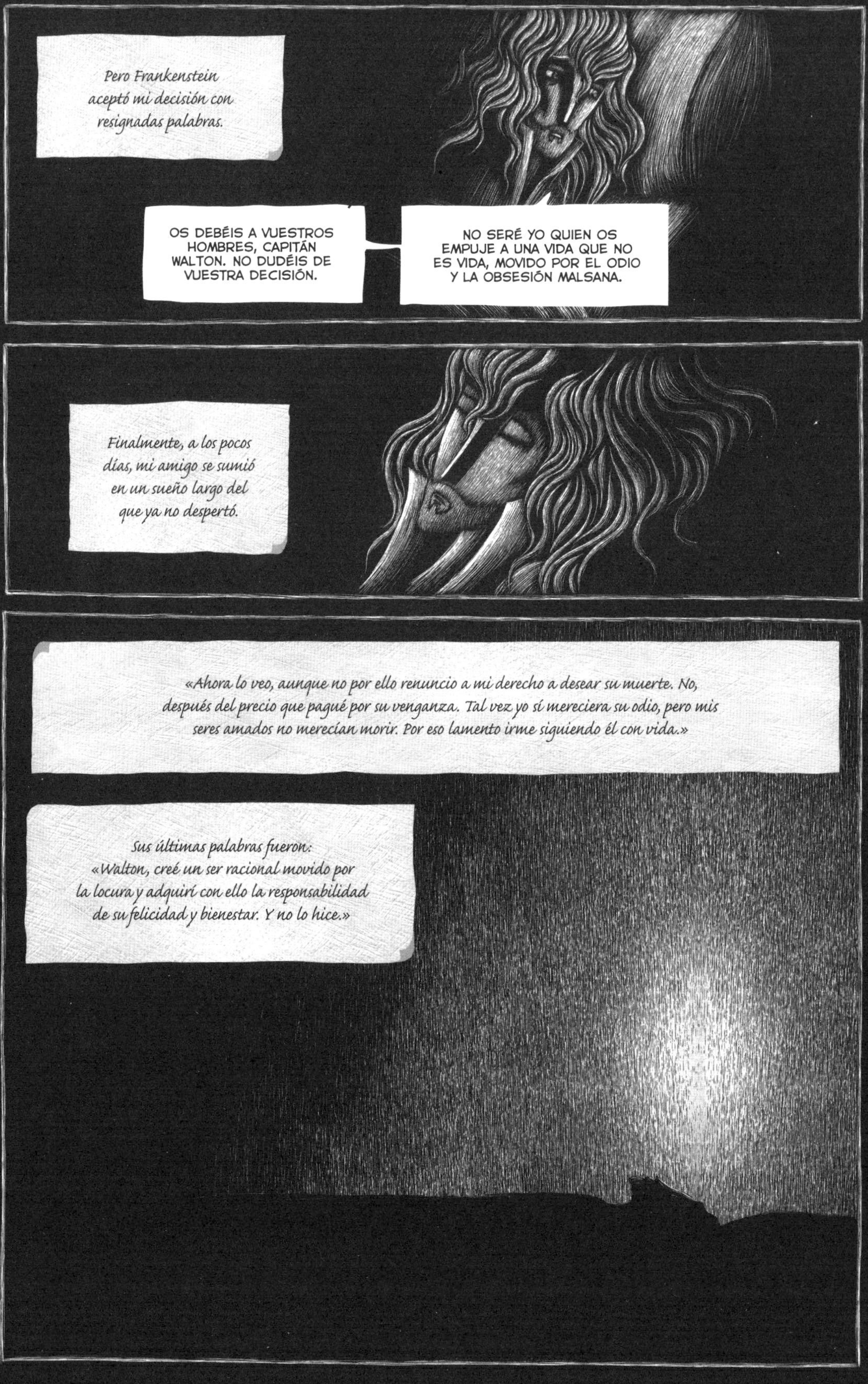
Pero Frankenstein aceptó mi decisión con resignadas palabras.
OS DEBÉIS A VUESTROS HOMBRES, CAPITÁN WALTON. NO DUDÉIS DE VUESTRA DECISIÓN.
NO SERÉ YO QUIEN OS EMPUJE A UNA VIDA QUE NO ES VIDA, MOVIDO POR EL ODIO Y LA OBSESIÓN MALSANA.
Finalmente, a los pocos días, mi amigo se sumió en un sueño largo del que ya no despertó.
«Ahora lo veo, aunque no por ello renuncio a mi derecho a desear su muerte. No, después del precio que pagué por su venganza. Tal vez yo sí mereciera su odio, pero mis seres amados no merecían morir. Por eso lamento irme siguiendo él con vida.»
Sus últimas palabras fueron: «Walton, creé un ser racional movido por la locura y adquirí con ello la responsabilidad de su felicidad y bienestar. Y no lo hice.»

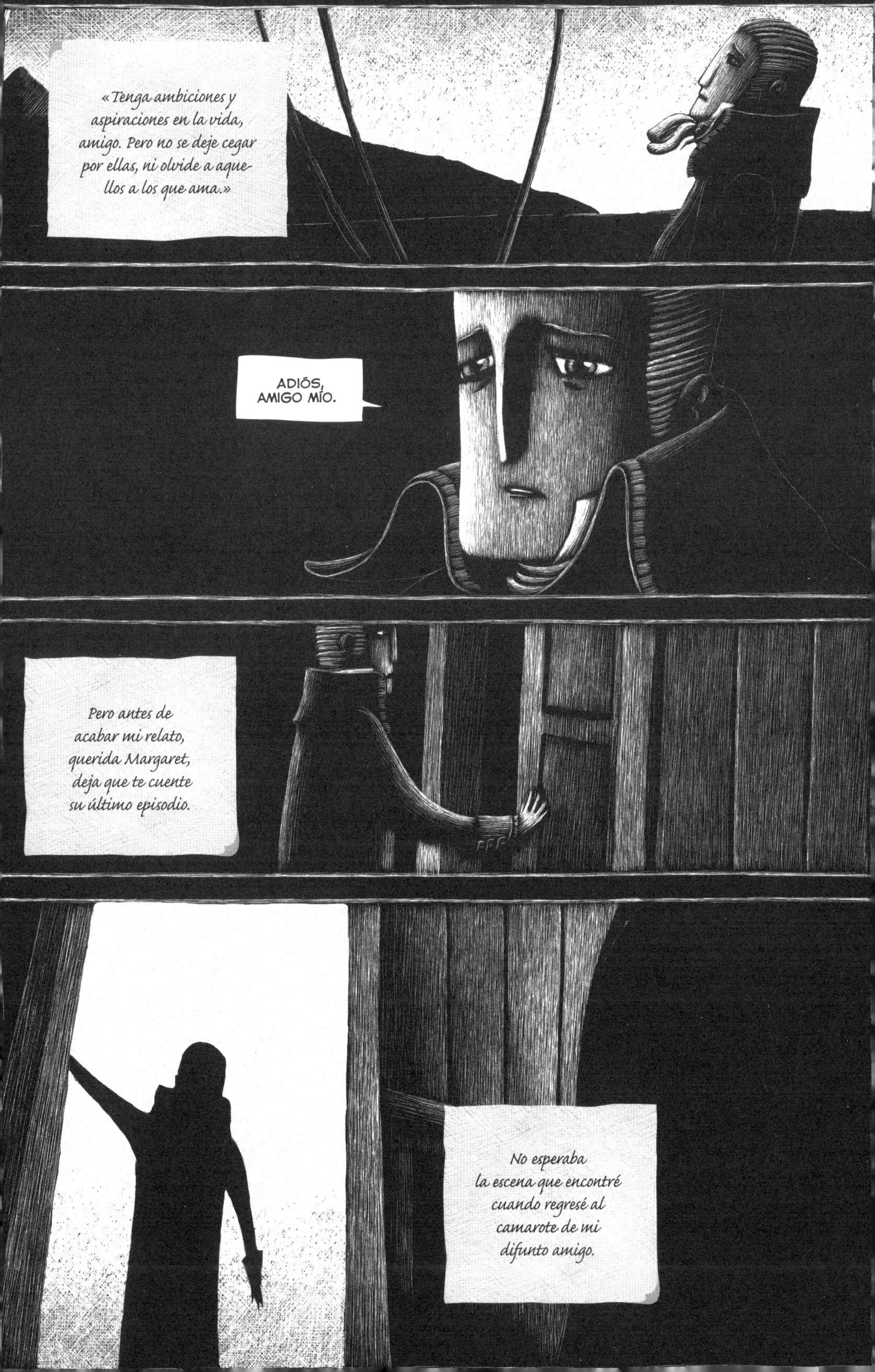
«Tenga ambiciones y aspiraciones en la vida, amigo. Pero no se deje cegar por ellas, ni olvide a aquellos a los que ama.»
ADIÓS, AMIGO MÍO.
Pero antes de acabar mi relato, querida Margaret, deja que te cuente su último episodio.
No esperaba la escena que encontré cuando regresé al camarote de mi difunto amigo.

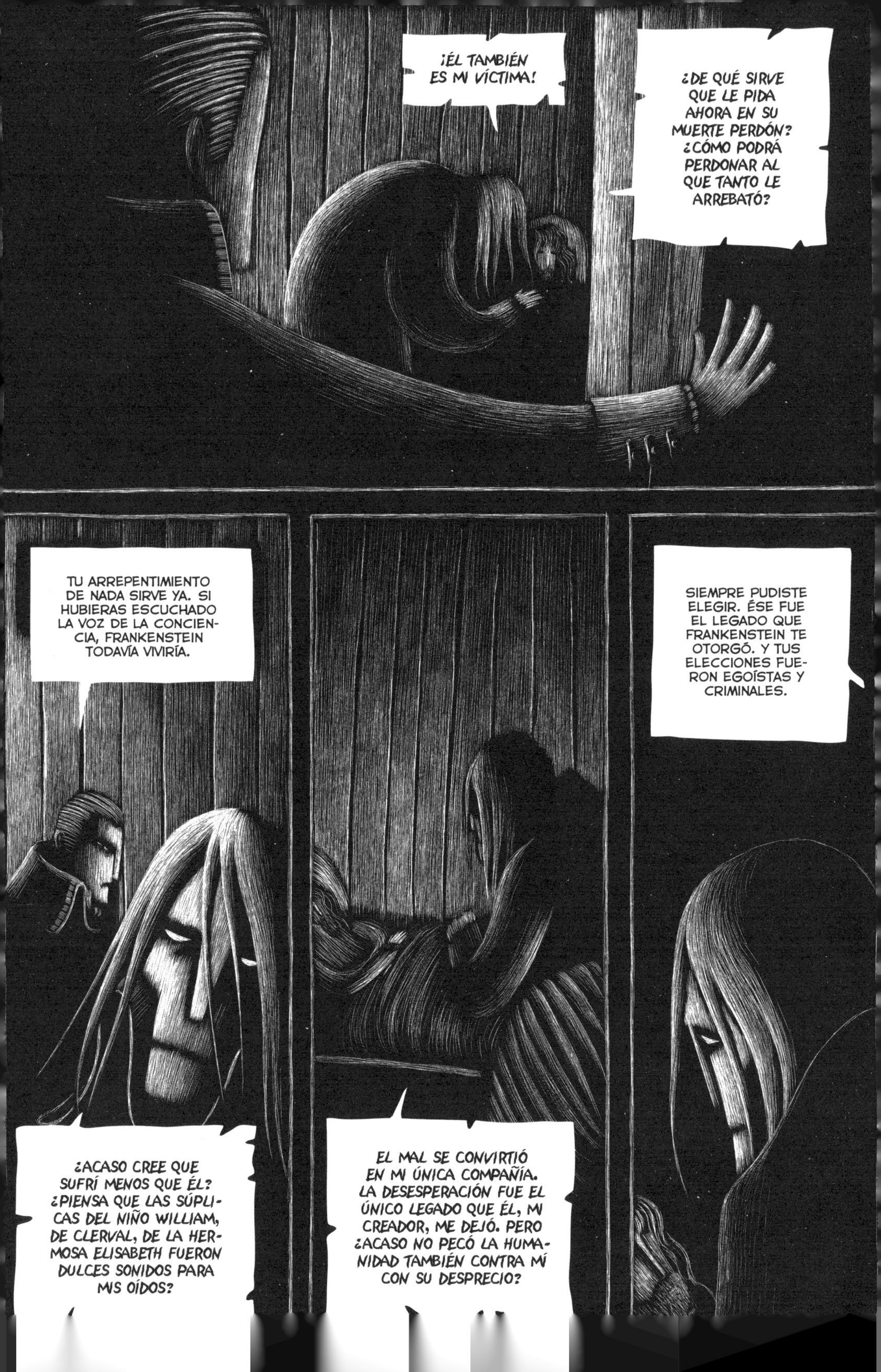
¡ÉL TAMBIÉN ES MI VÍCTIMA!
¿DE QUÉ SIRVE QUE LE PIDA AHORA EN SU MUERTE PERDÓN? ¿CÓMO PODRÁ PERDONAR AL QUE TANTO LE ARREBATÓ?
TU ARREPENTIMIENTO DE NADA SIRVE YA. SI HUBIERAS ESCUCHADO LA VOZ DE LA CONCIENCIA, FRANKENSTEIN TODAVÍA VIVIRÍA.
SIEMPRE PUDISTE ELEGIR. ÉSE FUE EL LEGADO QUE FRANKENSTEIN TE OTORGÓ. Y TUS ELECCIONES FUERON EGOÍSTAS Y CRIMINALES.
¿ACASO CREE QUE SUFRÍ MENOS QUE ÉL? ¿PIENSA QUE LAS SÚPLICAS DEL NIÑO WILLIAM, DE CLERVAL, DE LA HERMOSA ELISABETH FUERON DULCES SONIDOS PARA MIS OÍDOS?
EL MAL SE CONVIRTIÓ EN MI ÚNICA COMPAÑÍA. LA DESESPERACIÓN FUE EL ÚNICO LEGADO QUE ÉL, MI CREADOR, ME DEJÓ. PERO ¿ACASO NO PECÓ LA HUMANIDAD TAMBIÉN CONTRA MÍ CON SU DESPRECIO?

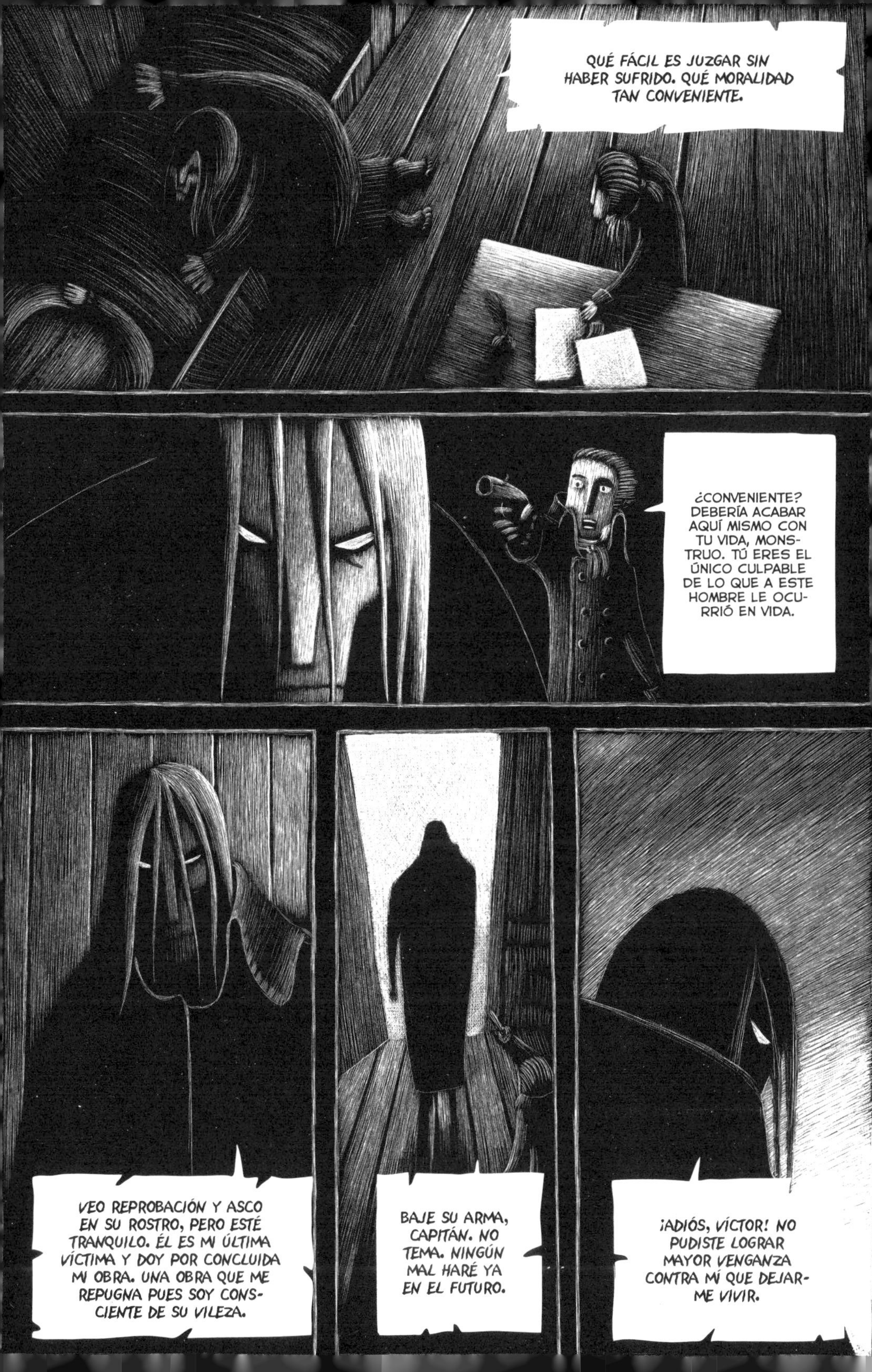
QUÉ FÁCIL ES JUZGAR SIN HABER SUFRIDO. QUÉ MORALIDAD TAN CONVENIENTE.
¿CONVENIENTE? DEBERÍA ACABAR AQUÍ MISMO CON TU VIDA, MONSTRUO. TÚ ERES EL ÚNICO CULPABLE DE LO QUE A ESTE HOMBRE LE OCURRIÓ EN VIDA.
VEO REPROBACIÓN Y ASCO EN SU ROSTRO, PERO ESTÉ TRANQUILO. ÉL ES MI ÚLTIMA VÍCTIMA Y DOY POR CONCLUIDA MI OBRA. UNA OBRA QUE ME REPUGNA PUES SOY CONSCIENTE DE SU VILEZA.
BAJE SU ARMA, CAPITÁN. NO TEMA. NINGÚN MAL HARÉ YA EN EL FUTURO.
¡ADIÓS, VÍCTOR! NO PUDISTE LOGRAR MAYOR VENGANZA CONTRA MÍ QUE DEJARME VIVIR.

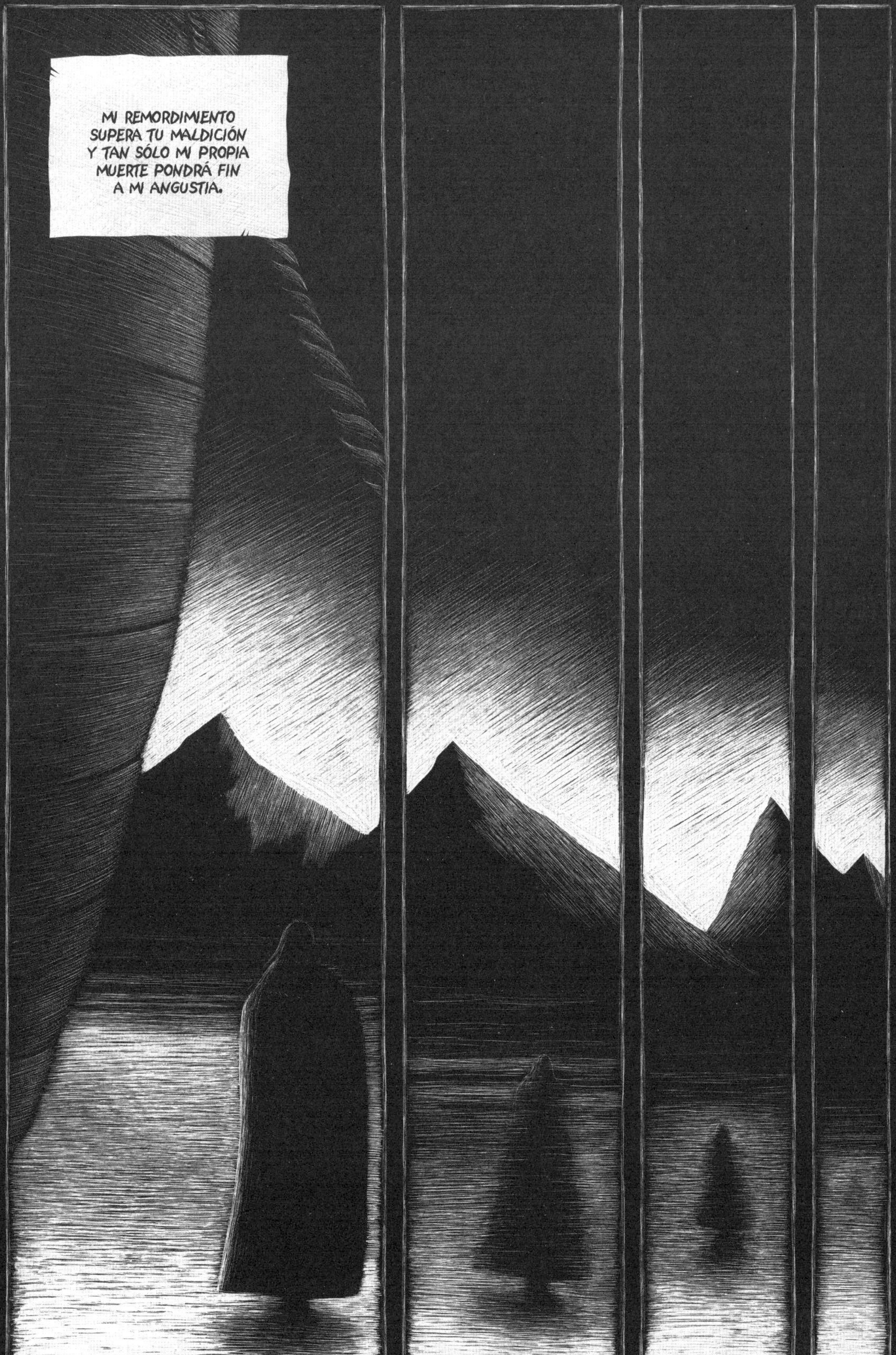
MI REMORDIMIENTO SUPERA TU MALDICIÓN Y TAN SÓLO MI PROPIA MUERTE PONDRÁ FIN A MI ANGUSTIA.